Tsugawa Ritsuko
津川律子

面接技術としての心理アセスメント

臨床実践の根幹として

金剛出版

序

　多くの臨床心理士にとって，2018（平成30）年は忘れられない年になる
かもしれない。同年9月9日（日）に第1回の公認心理師試験が行われ，11
月30日（金）には合格者が発表される。

　1988（昭和63）年に臨床心理士の資格認定業務が開始され，臨床心理士
第一号（成瀬悟策先生）が誕生してから，丁度30年になる。

　この間，カウンセラーの存在は，日本で生活する人々の間で飛躍的に浸透
したように思われる。たとえば，1995（平成7）年に始まった国によるスクー
ルカウンセラーの活用も23年を数え，いま大学に入学してくる学生にとっ
て，スクールカウンセラーは特別な存在ではなくなっている。

　臨床心理士も公認心理師も，心理支援に際して対象者の話を聴くことは基
本中の基本である。このところ，連携，協働，多職種といった言葉が，目に
しない日がないほど頻繁に使われている。適切な多職種連携・協働のために
も，対象者の気持ちをきちんと受け止めることが必要である。対象者や家族
を置き去りにして勝手に連携や協働ができるはずもない。おそらく，心理職
は面接室に閉じこもりがちというイメージを周囲からもたれている可能性が
あり，それを払拭する意味でも，連携や協働が強調されているのであろう。
しかし，連携や協働のためには，対象者の話を聴く，つまり面接力を向上さ
せることが必須であり，その点は，臨床心理士も公認心理師も同じと考える。

　面接力の向上のためには，面接を根幹から支える心理アセスメント力の向
上が必要である。本書は，その意図を伝える論文集として，金剛出版の立石

正信社長が企画された。最初に，論文集の話を聞いたときは，何の話なのか正直よくわからなかった。論文集というものは，歳をかなり重ねてから編纂されるものという思い込みが私のなかにあり，ピンとこなかったのである。

　本書に収載されている論述は，最も古い論考が1992（平成4）年，最も新しいものが2016（平成28）年，約24年の幅がある。いま読み返すと，手直しをしたくなるところも多々あるが，30代だった自分が何を考えていたのかが如実に記録されており，細かな字句修正はともかくとして，基本はもとの文章のままとした。

　さて，でき上がった本書はどんな方に読まれ，どのように心理臨床実践に生かされていくのだろうか。そして，さらに30年後の日本における心理支援はどのように発展しているのだろうか。今日，生まれた赤ちゃんが中年期に入るときに，質の保たれた心理支援が，地域格差なく，病気や障害の有無にかかわりなく，老若男女だれもが，タイミングよく受けられる未来に近づいていることを祈念して，序とさせていただきたい。

2018（平成30）年7月

津川律子

目　次

序 ……………………………………………………………………………………… 3

臨床心理士として働きだした頃の自分 ……………………………………………… 9

臨床心理アセスメントを学ぶ
　　──心理アセスメントに関する基本的な覚え書き──………………………17

面接技法としてのアセスメント ……………………………………………………29

【事例から学ぶ①】ヒステリー女性との面接過程
　　──総合病院のもつ治療構造の意義──………………………………………43

臨床業務としての評価………………………………………………………………65

電話相談におけるアセスメント──声の文脈（context）を聴きとる──………77

心理臨床学研究の方法論について思うこと──〈つぶやき〉の大切さ──………89

【事例から学ぶ②】スキゾイドパーソナリティ障害の青年との心理療法…………107

心理士から医師に知っておいて欲しいこと・医師から伝えて欲しいこと…………123

さまざまな領域における多職種協働＝チームワーク………………………………133

【事例から学ぶ③】いじめに遭い自殺を試みた子…………………………………141

臨床心理士が心理面接を行うことの意味
　　──サイコセラピーと心理カウンセリング──………………………………145

摂食障害への心理援助………………………………………………………………157

心理療法における倫理：守秘義務…………………………………………………161

【事例から学ぶ④】「うつ病」──地域のなかで──……………………………167

【事例から学ぶ⑤】忘れられない三つの事例 ……………………………………175

あとがき ……………………………………………………………………………181

面接技術としての心理アセスメント
——臨床実践の根幹として——

臨床心理士として働きだした頃の自分

　私が初めて患者さん相手にロールシャッハをとったのは，大学4年の初夏のことで，場所は東京の中心部にある小綺麗な病院の一室であった。白衣を着て緊張の極地で待つ私の前に現れたのは，20代後半の小肥りの青年で，年齢は若いが，既にベテランの統合失調症の方であった。私が自己紹介を始める声を遮って，彼はいきなり「実習の方ですか？」と聞いてきた。

私　「ええ，そうです」

彼　「病院は初めてですか？」

私　「はい，そうです」

彼　「僕はこの病院に詳しいですから，いろいろ教えてあげますよ」

私　「それは本当にありがとうございます」

　深々とお辞儀をする私……。こんな形で始まった彼とのやり取りも，窓から射していた穏やかな陽光も，彼が帰ってすぐに心配の余り様子を見に来てくださった故細木照敏先生のお顔も，今なお鮮明に蘇ってくる。

　私の尊敬する佐治守夫先生は，70歳代を目前にされてバリバリの現役臨床家である（こんなところでお年を出して先生すみません；初出時1993年）から，私など駆出しのヒヨッ子に過ぎない。けれども，初心者と中堅の間に位置する今だからこそ，自分の臨床技術の向上に役立ったことを書き留めて，同じ状態に現在いる方々の叩き台にしてもらいたいと思う。

　私は大学院を卒業した後に，本格的な個人面接がもてるようになった。その前の臨床家としてのスタートは，病院の精神科畑に非常勤で勤務する心理

家として，心理検査のみを業務として持つ立場にあった。その時代を想定して書いた文章である。病院の種類（診療所と病院では雰囲気が違うし，単科か総合病院かでも雲泥の差がある）や地域性により，まったく見当違いの箇所があるかもしれない。自分の現状に合わない箇所は斜め読みして頂ければ幸いである。

Ⅰ　初めてスタッフになって

　どの病院でも精神科医・看護師や看護助手・事務職員・ソーシャルワーカー・作業療法士・薬剤師・臨床検査技師・調理職員・警備員といった多職種の人々が勤務している（おっと，理事長など経営陣の目に見えない影響も夢々忘れてはならない……）。多数のスタッフがいるのに，心理家は自分一人なので，孤立無援の感である。気を遣って疲れる日々が始まる。毎日出勤していないので，なかなか病院にも慣れない。患者さんと話しているほうがまだ楽である。

　こんな状況ゆえに，心理室に閉じ込もって自閉状態になってしまう心理家がいる。実は私もそうだった。これは私のパーソナリティのせいであろうと思っていたら，意外に多い現象らしい。周囲のスタッフから見れば，大人しい若者でたまに来る心理検査屋さん……そこ止まりである。

　それでも，精神科医とは検査報告書を通じて徐々に信頼を培えるが，看護師との接触が極めて少なくなってしまう。これがいかに損なことか。患者さんと毎日接していて，誰よりもよく患者の情報を摑んでいるのは看護師である。確かに，彼女ら（彼ら）は臨床心理学の専門用語をあまり使わない。「あの患者のスプリッティングは〜」などと話している看護師は余り見かけない。けれども，彼女ら（彼ら）は実によくその現象を把握していて，「あの人，私に対する態度とA先生に接する態度と全然違うのよ！」などと教えてくれる。彼女ら（彼ら）が病院臨床の中核にいるという事実を認識することから私の臨床家としての一歩が始まったと思う。

ここまで読んで，明日から急に看護師にぺこぺこ遜らないでほしい。一番よいのは，もしナース専用の休憩所があったら，そこでお菓子を食べている看護師に混じってコーヒーでも飲んでいることだと思う。30分でも手が空いたらナースの集まる部屋へ行くとよい。信じられないほど多くの情報が得られること請け合いである。休憩室がない病院の場合は，話しかけてもいい時間に5分でも10分でも雑談をすることである。彼女ら（彼ら）とうまくやれない人は心理家であろうと精神科医であろうと臨床で損が多くなるだろう。じゃあ，お前は上手にやっているのかって？ううっ……。

Ⅱ　心理検査をする場所

専用の心理検査室がある病院，診察室で心理検査を行う病院，それすらない病院，いろいろあるだろう。心理検査室がある場合は，「抽象的，無機的な部屋がよいというのは間違いで，ふつうの部屋のようなたたずまいがよい」（中井，1992）と私も思う。実験心理学に慣れた卒業したての頃は，厳密なデータを求めることと無味乾燥な部屋構えをすることを混同しがちである。

診察室を間借りして検査をする場合でも，いつも同じ部屋を使えるのか，日によって違うのかによって様相が異なってくるだろう。私は往復6時間かかる僻地にパートで行っていたとき，決まった検査室がなく，行く度に検査道具を担いで東に西に，よろよろと病棟内を徘徊していた時期があった。そこは閉鎖病棟が中心の大きな単科病院だったが，同情した患者さんがアメやバナナ（閉鎖では貴重な品）をくれたりした。生活保護の人が，自分の噛み終わったガムをくれたときはさすがに泣いた。異臭漂う保護室で，日光浴から帰ってくる患者さんを待ちながら，夕日が沈んで行くのを見ていて，何ともいえない不安に駆られたこともある。やはり，おおむね決まった場所で検査を施行できるようにお願いするのは必要なことであろう。

ただ，患者さんを誘いに病室へ行くのは案外と収穫がある。電話をして誰かに連れて来てもらうのもよいが，看護師さんも忙しいので，私は自分で誘

いに行っている。自分のベッドで他患とくつろいでいる患者さんと接するのは勉強になる。

Ⅲ　リ・テスト（再検査）の勧め

　心理検査報告書の書き方については成書がたくさんある。しかし，意外と書かれていないのは，リ・テストの重要性である。

　初めてその患者さんと会って，1回か2回検査を受けてもらう。何がしかの報告を書く。それっきりである。これでは臨床の力が養えない。その人がどうなったのかをぜひ把握したい。主治医や看護師さんに聞くのも良いのだが，リ・テストをすると人の内面的変化を目の当たりにできるし，何より本人に直に会って経過を聞けるという役得がある。私は最初の頃よく，「治療効果をみるためにも1年後に再検査させてください」などと所見の最後に書いておいた。主治医が交代してしまっても，所見に書いておくと後任の医師がオーダーしてくれることが多かった。

　リ・テストというと，ロールシャッハのことばかりがイメージされる。成人の知能検査になると，ほとんどの臨床家は1回しか施行しないだろう。私はてんかん患者の脳外科手術前後にWAIS-Rを施行する経験をもっているので，短期間で知能指数が10や20変化しても驚かなくなってしまった。WAISに限らず，ロールシャッハ以外の検査でもリ・テストは有益だと感じている。

Ⅳ　たくさんの人と会うこと

　「臨床経験というものは，その質や密度とともに，その『数』のスケールが決定的に重要な役割を持つ」（福島，1992）。

　将来，密度の濃い心理療法ができるようになると，かえって時間的な制限が増えて多くの人と会えなくなるかもしれない。その前に，たくさんの人と

会っておくことが重要だと思う。心理検査で会ってもよし，集団療法でもよし，あらゆる手を使って多くの実際の臨床例に接したい。私は（腕のよい）精神科医を見つけたら，診察に臨席させてもらったり，予診をとらせてもらった。今でも私は好んで予診をとらせてもらっている。年間相当数の初診患者と会い，その家族や職場の方々とも会っている。予診をとると初心者が得をするのは次のような理由であろう。

①予診といえども，清水の舞台から飛び降りるような気持ちで精神科を訪れた人々に，初めて職員として話をお聞きするのである。いつもどこかで精神科医のせいにしがちで，責任逃れをしている悪いイジケ癖が治る。

②自分のアセスメント能力が飛躍的に進歩する。将来，アセスメント面接をする時に役に立つ。

③あの医師だったら，診断は何とつけて，薬は何が出てなどと予想することによって，薬物に対する知識もがぜん増す。もし自分が初診医だったら何の薬を何ミリ処方するだろうと頭の中で考えるだけで，居眠りしながら薬理の本を読むよりためになる。悪のりした私は，予診の際に自分で考えた処方をメモしておいて，後で医師の処方箋と照らし合わせ，疑問な処方があったら医師に質問するという作業を繰り返していた時期がある。聞かれる先生方はいい迷惑だったと思うが，当時はこれが楽しくてしょうがなかった。

④状態像が悪い人も来るので，急性期の病像と接することができる。その処置に立ち会えれば，なお勉強になる。

⑤総合病院の精神科に勤めている場合は，さまざまな合併症をもつ人が多く訪れるので，医学一般に関する常識的知識が得られる。門前の小僧という訳である。これは心理学科では得られない必須の知識で，特に児童臨床や心身症領域の面接ですぐに活かされる。

⑥いつの日か，その患者さんが心理療法に回ってきた場合に，初診で会っているというのは実に有利である。患者さんのほうでも，「あっ，俺が初めてここに来た時の丸顔の女の先生だ！ などと，ラポールが楽に取れる。

こう書いていると枚挙にいとまがない。とにかく，予診はお勧めの自主的業務の一つである。何？　予診の取り方がまったくわからない！　……。予診について書いてある本は多いが，短い文章で豊富な内容の本として，『精神科における予診・初診・初期治療』（笠原嘉著，診療新社，星和書店）をお勧めしたい。具体的な記録の仕方も載っている。

V　スタッフの精神衛生係

　病院では，精神科医同士だからこそ話せない悩みとか，看護師仲間だから，かえって話せないことが多い。その点，心理家は口が固いし，一人で孤独にしているから安心して四方山話ができる対象である。この役割は一銭にもならないようでいて，重要な役割だと思う。誰かが話しかけてきたら，患者さんでないからと，つれない仕打ちをしないで，いつでも話を聞く姿勢でいたい。特に，日頃お世話になっている精神科医たちは，患者の管理者としての立場があるゆえに，気軽に愚痴を言える職員が意外に少ないと思う。心理家がここで機能しないと精神科医が本当に気の毒である。

　また，自分自身の精神衛生が何より大切であるのは言うまでもない。なかでも，「リソースパーソンやリソースグループ」（村山，1992）の重要性を実感している。これは，「スーパーヴィジョンのような上下関係よりは，ヨコの関係に近い」友人たちのことを指し，「カウンセリングの訓練過程で起こるさまざまな悩みや問題など，何でも安心して相談でき，話せる関係をもてる」ような親しい安心できる関係の友人たちのことである。幸いなことに，私には細木心理臨床研究会という名前はやたらとりっぱな内輪の研究会がリソースグループとしてあった。仲間に感謝している。

　つい最近まで，自分の論文に「私という初心者としては〜」と書いていた。ちらっとその文章を見た主人が，「いい加減に年を考えたら」と，ぽそっと言った。いつまでも初心者だと思っていると気が楽なのだが，それでは責任逃れ

の感である。自分の臨床技術の向上に直接に役立った点を選んで記述したつもりなので，読後の御批判を期待している。

　現在，同じような境遇にいる臨床心理士の後輩諸氏へ一言。観葉植物があり，座り心地の良いソファーのあるサロン風の綺麗なオフィスで，お上品なクライエントを相手に，きちんと構造化された心理面接をやりたいという憧れや焦りはもっともである（これが過剰になると，美人秘書が受付けにいたり，クライエントが自分に感謝感激して退室する夢をみたりする!?）。

　しかし，本当の臨床現場は，白昼夢のなかにあるのでなく，今まさに自分がいる臭気漂う病棟のなかにあるという事実を大切にして，共にトボトボ歩みましょう。

（こころの臨床ア・ラ・カルト　1993 年 5 月　33 歳前）

文　献

福島章（1992）「私と臨床」心理臨床 5（3）：192-193.

笠原嘉（2007）『精神科における予診・初診・初期治療』（新版）星和書店.

村山正治（1992）『カウンセリングと教育』ナカニシヤ出版.

中井久夫（1992）「ある臨床心理室の回顧から―故・細木照敏先生を偲びつつ」心理臨床 5（4）：237-242.

臨床心理アセスメントを学ぶ
──心理アセスメントに関する基本的な覚え書き──

I 本稿の目的

　心理アセスメントとは，対象（個人の場合はクライエント）が，今どのような状態にあり，本当は何に困っているかを把握し，どのような心理支援が求められ，どの介入が優先されるのかを選択し，どのようになることが望まれるかを見通すといった一連の過程のことといってよいだろう。心理アセスメントは，すべての心理支援の根底に存在する臨床心理士のスキルの中心である。しかし，この一連の過程をどのように行うのかを臨床家として体得することは容易ではない。結果として，"必要そうな情報を収集したが……"とか"収集したけれど面接で役立てきれない……"という状態に陥っている臨床経験の浅い臨床心理士を本稿の読者対象として，例を交えながら心理アセスメントのコツを伝えたい。

II 心理アセスメントを通した理解からくる真の共感
　　──Here and Now──

　機関や施設で対象者が来るのを待っているのではなく，地域に出て心理支援を行う役割も臨床心理士に期待されている。たとえば公的機関が提供する無料相談会では，事前情報がないまま，しかも1回という限られた時間のな

かで，適切な支援を行わなければならない。その際，臨床経験の浅い臨床心理士は，受容・傾聴・共感の3点セットは知識としてわかっている。ノンバーバルな情報も無視はしていない。しかし，話の「内容」のほうに気をとられ，惹きつけられてしまいがちで，肝心の視点が抜け落ちている（もしくは手薄になっている）ことが多い場合が見受けられる。

　たとえば，「小さなときから気が弱くて，家族にいじめられていて……」といった話の場合，誰からどのようにいじめられてきたのかといった話の「内容」のほうに興味をもって惹きつけられてしまい（一生懸命に話を聴くことはもちろん大切なことである），その方が40代後半であったとすると，「小さなときから」なのに，どうしていまここで（Here and Now）私にその話をしているのだろうか？という肝心の視点が抜け落ちるといった具合である。「今日ここにいらしたのは？」といった質問ができたとしても，「先月，市報を見ていたら，この無料相談会のことが載っていて，家が近かったので」といった返事が返ってくると，すぐにそれで理解した気分になってしまい，スーパーヴァイザーに「市報を見ていらしたようです」などと表面的な報告をして，お目玉をくらった経験のある人も少なくないだろう。

　クライエントは正直に言っているのだが，市報に無料相談会の記事が載るのは某市の歴史はじまって以来ではないであろうし，家が近いからといって誰もが心理支援を求めてくるわけではない。話の「内容」以外の心理アセスメントの視点は複数あり，特に基軸（Here and Now）が身についていれば，そこにひっかかることができる。そして，「市報を見ていらしたんですね。毎月載っていますよね」といった自然なやり取りにつながり，「そうなんですよ。以前はね，そういう記事を見ても，全然ね，自分には関心のない感じでいたんですよね（話しながら段々と顔色が変わってくる）……それが，先月，叔父を亡くしまして。すぐ近所に住んでいて，家族にいじめられている私をずっとかばっていてくれていたんです。それが昨年の3月の震災の後に急にガンがみつかって……（少し目が涙ぐむ）……私ひとりぼっちになってしまった……」といった話が展開されれば，この方に関する報告は，「市報を見て

来た人」ではなく，「心理的に支えてくれていた対象を急に失って来談した方」となり，心理支援の方向性もまったく違ってくるであろう。そのうえで，①本人の語りに耳を傾けながら，②いま起きていることを整理して相手に伝え，③不必要な不満や不安は取り除き，④必要なアドバイスを行い，そして，⑤今後の支援の方向性や他機関へのリファーの必要性を検討することになる。

　重要なのでもう一度繰り返すと，心理アセスメントの基軸は，「いまなぜここにいるのか」「いまなぜこの話をしているのか」を捉える視点である（津川，2009，2011a）。自発的に訪れたのか，家族に連れられてきたのか，これまでに援助を求めたことはあるのかなどを表面的に確認するだけなら，心理臨床の長期訓練を受けなくてもできる。その方の歴史のなかで，この瞬間がどのように位置づけられているのか，ここに来るまでどのように生き抜いてきたのか，今の自分をどう捉えているのか，今こうやって話していることが本人にとってどのような体験となっているのかを積極的にアセスメントすることが必要である。たとえば，話せば話すほど具合が悪くなってしまう精神病圏の方のアセスメントのコツを知らなければ，「傾聴」がまったくのアダとなってしまう。

　このように丁寧に心理アセスメントを進めていくと，目の前のクライエントの全体像が浮かび上がってくる。どうにか環境に合わせようと懸命に生きてきた歴史，途方に暮れた心境やそのなかに存在するプライド，それでも生きようとする気持ちが援助者の身体のなかに伝わってくる。「ああ，そうだったんだ……」という実感がこちらの身体のなかで充足していくであろう。まさに，それが共感なのだろうと思う。つまり，心理アセスメントを通して実感としての理解が生まれ，そこから真の共感がもたらされると言っても過言ではない。そして，共感があってこその心理支援である。

Ⅲ　心理アセスメントのための「引き出し」

　適切な心理アセスメントを行うために，アセスメントの手掛かりとなる知

識・理論や臨床経験が入っている「引き出し」をできるだけ多く持っていたい。たとえば，関連法律と倫理，心理学の知識，医学や社会福祉学を代表とした臨床心理学をとりまく多数の関連学問の基礎知識である。もちろん臨床心理学の各種理論や知識の引き出しがなくては職業として成立しない。事例を通して学んだ臨床経験という極めて重要な引き出しが必要なことも言うまでもない。自分自身の生活者としての体験の引き出しも持っていたい。さらに，日本の制度（特に行政），昨今の雇用問題，経済情勢などの引き出しも必要である。社会情勢もどんどん変化する。学問も日進月歩である。

　これらの引き出しを，面接外の時間に意識的に開いて検討することもあれば，面接のなかで同時に開いて照らし合わせることもある。ひらめくような感じで自然と開くこともある（自然に開く回数が増えていくのが中級者になる過程）。引き出しの数が少なければ，心理アセスメントでとりこぼしが生じてしまう確率が高まる。引き出しが多ければ，多面的かつ包括的な心理アセスメントが可能となる確率が高まる。いま筆者が心配しているのは，肝心の「心理学」の知識が手薄な人が少なくないことである。最近，「対象の恒常性」を知らない臨床心理学系大学院修了者に出会って，本当に驚いた。内的な表象の存在がわからずに，どうやって子どもの心理支援をするのだろうか。こういった基礎的な知識は，その名前をただ知っているというより，臨床実践と照らし合わせて理解しておくことが役に立つのだが，臨床経験の浅い人は，学ばないのではなく，学び方のコツがまだわかっていないのだろうと思う。

　たとえば，「支離滅裂」と「錯乱」は，一般用語としては似ているが，ドイツ語圏を踏襲した医療領域の専門用語としては意味が本質的に異なっており，その違いを理解しておくことは，そのまま心理支援のあり方に直結するだけでなく，チーム医療における“連携”に関係してくる。この二つの用語を使い間違えるようでは，精神科リエゾンチームは，それこそ混乱する。どう違うのかという構成概念を辞書や教科書できちんと押さえておいて，それが実際の患者の臨床像にどう当てはまるのかを臨床現場で先輩たちに教えてもらう。構成概念と臨床像を合わせていくのである。合わせられるまで何回

もやる。一人ではやらない。合っているのか合っていないのか，臨床経験が浅い人は自分ではわからない（わからないのにわかったつもりになるのが危険）なので，指導者やスーパーヴァイザーなどに確認しつつ力量を高める。同様に，たとえば，ロールシャッハ法で「EA=2」である入院患者がいたとして，この「EA=2」という大事な数値が，入院という場面で，その患者の実際の行動にどう現れるのか，そのことによって現実生活のなかでその患者がどう生きづらいのか，生きづらさのためにどんな精神症状が二次的に発生しているのか，その二次症状は他の心理検査のどこにどう表れているのか，といったように心理検査の数値と患者の現実生活を合わせていく。これが引き出しの"中身"を増やすことになる。

Ⅳ　心理アセスメントのプロセス
――仮説と検証の繰り返し――

　心理アセスメントの具体的手段として，行動観察，心理検査，面接があるのは周知のことであるが，これらは独立した手段ではない。面接には行動観察も含まれ，心理検査の最中には行動観察も会話も行われる。そして，これらには共通の行程があり，それを「仮説と修正」のプロセスと呼んでもよいだろう。ここでは，主に言葉を用いた面接を中心に，心理アセスメントのプロセスを追ってみたい。

　はじめてクライエントに会う前に，何らかの情報が存在する。冒頭の例に書いたように，公的機関が提供する無料相談会などでは事前情報がほぼないが，多くの臨床現場では，事前に電話で申込みがあったり，記入された相談申込書があったり，カルテがあったり，関わっているスタッフからの情報がある。カルテの読み方については，津川・篠竹（2010）などを参照されたい。事前情報を収集することに躍起になるのではなく，これからお会いする方に思いを馳せる。そして，出会いがあり，はじめて会ったその瞬間の雰囲気，動作，表情などから，その方の生活の背景，身体的・心理的コンディション

を予測する。勝手にモウソウするのではなく「根拠」（当然ながら数値だけを意味しない）から予測する。これが仮説である。

そして，面接に入り交流がはじまる。クライエントの話す内容もさることながら，語りのトーンが予測どおりでなければ，複数の引き出しを活用した「検証」が行われ，違う仮説が導き出される。ひとつの仮説に固着してはいけない。二人（もしくは数人）の間に何かのやり取りが続く。誰かが何かの刺激を発し，そこにいるメンバー（もちろん自分が含まれる）が反応する。全身でそれらを捉える。頭だけで理解しようとしない。言葉の下にある気持ちを全身で「聴く」のである（津川, 2003）。修正仮説を立て，それをまた検証（段々と吟味になる）し，微修正しながら，より適切な仮説（ご本人のあり様）に集約していく。

この仮説と検証といった一連の流れは，心理面接の場面であれば，主に言葉という刺激を提示することによって得られる反応であるし，ロールシャッハ法であれば図版という刺激による反応，WAIS では課題という刺激による反応といったように，刺激と反応の複雑な過程からなる。クライエントは刺激を受けて，それをどのように受け止め，処理し，表出するのだろうか。背景にある知的機能や認知機能，精神状態，パーソナリティ傾向，思考過程，感情の様相などを丁寧になぞることによって仮説と検証が緻密に重ねられ，仮説が確かなものとなってゆく。

V　心理アセスメントの優先順位

1.「命」と「生活」の心理アセスメント

心理アセスメントには順番がある。まずは「命」が守られるかという視点である。自殺の危険性，精神症状が早急に治療を要する状態かどうかなどである。次に，「生活」を守ることである。帰る家があるか，ライフラインは止まっていないか，食料を買うお金があるか，虐待されていないか，DV を受けていないか，などである。なお，自殺の危険性については、本人の表情，

語る内容，生活状況，抑うつの程度などから少しでもその可能性が懸念されたら，率直に「このような状態が続いていたら，死にたいと思うこともあるのでは？」などの質問をする。そして，「実際に行動に移そうとしたことがあるか」「何があなたを引き留めているのか」など，腰を据えて尋ねる必要がある（津川，2009，2011b）。

　医療機関に訪れる患者の場合であれば，「命」に関する確認は医師が行い，「生活」の確認はソーシャルワーカーが担う，といった業務分担があるかもしれない。しかし患者がみな，自身の差し迫った問題について明確に自覚しているとは限らない。院内の各種専門家を適切に選り分けて相談できるほど，エネルギーもスキルも知識も乏しい場合が稀ではない。目の前の患者が自ら語らなくとも，「命」と「生活」の安全をチェックすることは対人援助者の責任である。初回面接ではもちろんのこと，援助のプロセスのなかで変化したり，突然現れたり，見えないところで進んでいたりすることが往々にしてあるので，「命」と「生活」に関する心理アセスメントは常に念頭に置いておかなければならない。

2．知的機能・認知機能の心理アセスメント

　「命」と「生活」の安全に関する心理アセスメントと並行して次の心理アセスメントに進んでいく。優先順位として次にくるのが，知的機能と認知機能の心理アセスメントである。たとえば，臨床心理士の専門性が発揮しやすいところとして，心理的状態や対人関係のあり様を，生育歴や家族との関係から捉えるアプローチがある。そういうアプローチをするにしても，知的機能（制限されている部分だけでなく，高機能の部分や，全体のバランスを忘れずに）や認知機能の偏りがベースにあって，不適応を起こし，心理的な不調に至っているケースも少なくないことに留意する。

3．病態水準・精神症状の心理アセスメント

　次に，病態水準の心理アセスメントである。統合失調症の発症が懸念され

る状態なのか，一過性に精神病様状態を呈しているのか，BPO 圏か，神経症圏なのかを，思考過程の混乱，思考内容の歪み，感情の統制，不安の質，対人関係のあり様などから心理アセスメントしていく。病態水準のアセスメントの際，防衛機制や不安の質を論じている精神分析学は大変に有用である（津川，2009）。ただ，精神分析学の理論を活用して心理アセスメントをすることと，無思慮に精神分析学の技法を用いた介入をすることはまったく別ものである。

同時に，どのような精神症状が出現しているか，その程度はどれくらいかをアセスメントする。同じ抑うつ感を訴えていても，意欲・活力の低下の程度，思考力の低下の程度，焦燥感の有無などさまざまである。そもそも，操作診断基準で「うつ病」と診断されている方々であっても，どんなに個人差があることだろうか（津川，2012）。ましてや「抑うつ」を訴えてこられる方々を勝手に同質に括ってはいけない。

4. パーソナリティ特性の心理アセスメント

ここは臨床心理士の十八番であり，さまざまな臨床心理学用語が活躍するところでもある。例をあげる。「うつ病」という診断で，精神科外来で定期的な投薬を受けていた 30 代女性の心理カウンセリングの依頼が主治医よりあった。依頼理由は「なかなか改善が見られない」とのことだった。初回の面接では「身体が動かなくなり家事ができない。8 歳の長女に手作りのおやつも作ってあげられず，宿題も見てあげられず，つらい。主人にも負担をかけて本当に申し訳ない。結婚前は自分で望んで小学校の教員をしていた。子どもたちが成長する姿を見るのが嬉しくて，睡眠時間を削って授業の質を上げようと毎日準備をしていた。あの頃は頑張れていたのですけれど……」と，穏やかな口調で話された。このごく短い語りからでも，双極 II 型を含めた双極スペクトラムの可能性について主治医がすでに考慮ずみだとしても，生活歴を丁寧に取らなければならない。と同時に，秩序志向性，対他的配慮性，役割との過剰な同一化といった本人のあり方が認められ，パーソナリティとしては，いわゆるメランコリー親和型のパーソナリティ傾向が窺われる。

ここで終わってはいけない。メランコリー親和型のパーソナリティ傾向という分類をして，終わってはいけない。それでは，心理アセスメントにならない。単なる分類である。教諭をしていたときは体調を崩すことなく頑張れていたのに，出産後の育児もこなせていたのに，なぜ今回，体調を崩したのだろうか。「いつもいろんなことを一生懸命されてきたのですね」とそっと伝えると，しばらく沈黙のあと，涙を流された。「私が8歳のとき，父は一緒に歩いていた私をかばって車に轢かれて亡くなった。母は毎日泣いていた。祖母も泣いていた。私のせいでみんなを不幸にした。だから私は何があっても我慢しなくてはいけないと思った……学校から帰ると，母は仕事でいなくて，ひとりでおやつを買って食べた……」と続けて語られた。今回，8歳になった娘と，8歳だった頃の自分が重なり，さびしい思いをさせたくない気持ちや，大切な人を不幸にするのではないかという思いが高まり，それを打ち消そうと普段よりもさらに懸命に頑張り続けて，そして，今回の「うつ病」に至ったのだろう。

　医学では「うつ病」という診断だとして，今回のことは医学では，うつ病が「発病した」となる。それが定かなことだとしても，パーソナリティ傾向を含めて心理アセスメントをすると，臨床心理学では少なくとも次のようなことを意味している。"いまの生き方をずっと続けているのはちょっと無理よ，いまのパーソナリティを全部変えるなんてできないし，する必要もないけれど（そもそもこうなった歴史を大切にしよう），少しだけ自分のあり様に幅をもたせられれば，この後の人生が生きやすくなるし，子育てもやりやすくなるよ"。つまり，大きな変革とか改革ではなく，自分のあり様に関する小さな改善（といっても実に重要なこと）をするチャンスが到来したのである。なお，チャンスが到来したと考えることと，ご本人の症状がつらいことに共感することは援助者として問題なく共在できる。

　このように，パーソナリティ特性を把握することで留まるのではなく，「いまなぜ？」（Here and Now）という視点を失わず，その人の歴史と現在をつなげていく。

5. 援助者側（自分自身や組織）の心理アセスメント

　自分自身や，所属する組織やチームについて心理アセスメントをする。自分にそのクライエントを担当できる力量（臨床経験，体調，今後のライフプラン，サポート環境など）があるか，同時に，組織やチームがともに取り組んでいける状況にあるか（空きベッドの数だけを意味しない。メンバーの力量や現在の力動などが重要である）をアセスメントする。援助者側の力量や覚悟といった要因は外せないアセスメントの視点である。

Ⅵ　心理アセスメントの今後

　臨床心理学の技法や技術は今後も発展していくであろう。倫理コードや関連法律はどんどん増えていくだろう。マニュアル的な心理アセスメントを嫌う向きは多いが，これも時代とともにマニュアル化が急速に進んでいくであろう。

　しかし，どんなにマニュアル化が進み，条件・基準・数値などが増えたとしても，クライエントと自分が出会う一瞬一瞬（Here and Now）の大切さは変わらないだろう。多角的多層的な心理アセスメントを土台として，唯一無二のその人の全体像を捉え，心理支援にダイレクトに活かすという私たちの創造的な仕事も，これから生まれる優秀な心理臨床家たちによって，世代を経ながら，より精緻になっていくであろう。

（臨床心理学増刊第 4 号　2012 年　52 歳）

文　献

津川律子（2003）「現場研修」In: 下山晴彦編『臨床心理学全書第 4 巻臨床心理実習論』誠信書房．pp.369-398

津川律子（2009）『精神科臨床における心理アセスメント入門』金剛出版．

津川律子（2011a）「面接技法としてのアセスメント」臨床心理学 11-2; 176-181.（本書所収; 29-41）

津川律子（2011b）「自殺予防のための心理療法総論」In: 張賢徳編『専門医のための精神

科臨床リュミエール 29 自殺予防の基本戦略』中山書店，pp.118-126.

津川律子（2012）「「うつ病」—地域のなかで」臨床心理学 12-4; 599-602.（本書所収：167-173）

津川律子，篠竹利和（2010）『シナリオで学ぶ医療現場の臨床心理検査』誠信書房.

面接技法としてのアセスメント

はじめに

　先だって郵便が届き，目にしたものは編者による本特集（臨床心理学 11 巻 2 号）の「企画の趣旨」であった。明快な一文であり，引用する。「本特集では，臨床技法として，諸心理療法における学派別の技法を対象とするのではなく，心理臨床もしくは精神科臨床の場で，本質的かつ共通に見うけられるところの実際的面接技法に焦点を当てることといたしました」。これが大切なことは言うまでもない。しかし，「面接技法としてのアセスメント」という依頼タイトルにひっかかってしまった。それは「技法」という言葉に少し私が辟易しているからであろう。個々の臨床心理面接において，工夫をしない，ということはあり得ないが，ちょっとした工夫をすぐに「○○技法」と名づけ，それを普及させることが目的化してしまっているような傾向がこの業界にはなくもない。

　そこで本稿では，「企画の趣旨」に沿って，「最新の○○技法」を羅列するのではなく，「本質的かつ共通に見うけられるところの実際的面接技法」に焦点をあて，最近，ビギナー（臨床経験 10 年以内）のケース指導で気になっていることを記してみようと思う。その際，お断りしておきたいことが 3 点ある。①誌面の都合もあり，各項目において本質的な 1 ～ 2 個だけに記述を絞り込んだため，多層的・多角的な心理アセスメントの個々の詳細について

は，ふれていない。②中堅～ベテランの読者にとって本稿の内容は，当たり前のことが当たり前に述べられているに過ぎない。③筆者の場合，精神科臨床がベースになっている。

I　臨床心理検査に関すること―司ること

　残念なことに，臨床心理検査を粗く使用している同業者に出会うことが増えてきた。たとえば，ある成人患者が統合失調症なのか発達障害なのかの鑑別診断の補助として，精神科医が WAIS-III を依頼しようと発想することには驚かない。実際，WAIS-III には個人内の能力のバラツキが反映され，誤答の性質を丁寧に分析してパフォーマンスに関する行動観察その他を加えれば，鑑別診断の補助だけでなく，治療に役立つ所見が多く得られる。それはそうだとしても，発達障害の疑い→ WAIS ひとつだけが依頼される→評価点のバラツキを表面的にみて終わる，という乱雑な検査実施を疑問に思わない臨床家が多いことに驚きを禁じえない。これに加えて「短時間の面接や行動観察で，『自閉症』，『アスペルガー症候群』，さらには『発達障害』と安易に診断・評価するようになった」（山崎，2010）。この指摘も現実の臨床現場で起こっていることであろう。面接の粗さもショックだが，粗い臨床心理検査の使い方にも，本当に心が痛む。日本版 WAIS-III の臨床研究アドバイザーとして標準化作業から関与する機会を与えられ，WAIS-III を大切に思っている筆者からすると耐えられない。

　そもそも，WAIS-III の実施以前に，対象者のこれまでを詳細に聴き取り，何度も行動観察を重ね，クライエントのあり様を細やかに捉えない限り，発達障害という医学的な確定診断はつかないはずである。それに，どうしてWAIS だけが指定されている事態に対して専門職として臨床心理職が何も言わないのだろうか。私は医療の現実を知っている。クリニックであれば，依頼者の医師が直接，自分の雇用者であることが多い。雇用者－被雇用者という関係であれば，雇用者がどんなに温厚な医師であったとしても，意見が言

いにくいのは普通のことである。病院でも基本的に院内の権限をもっているのは医師なので，意見を言って逆らったと誤認されると，患者のために機能しづらくなる。医師からすると想像できないくらい，医師以外のメディカルスタッフは医師に意見が言いづらい。これは医療現場の現実なのだが，そこを患者のために工夫していくのが‘専門職’であろう。

　もっと残念なのは，当の臨床心理職が，WAISだけで発達障害かどうかをみようとしていたり，「時間がないので他の心理検査はできない」と言っているのを聞いたときである。たしかに，臨床心理検査は実施よりも，あとの処理や所見書きの方がはるかに大変なので，「時間がない」のは事実である。しかし，人を理解し，支援しようという重大な試みにおいて，数個の臨床心理検査を実施することは，そんなに長時間に相当することなのだろうか。膨大な費用がかかることなのだろうか。

　臨床心理検査の実施，処理，解釈，総合レポート，フィードバック，どれをとっても臨床心理職の専門業務のひとつである。臨床心理検査業務を“丁寧に”行いたい。良い検査者は，良い臨床家である。その理由は，臨床心理検査に熟達しているということは，心理アセスメントにおける多層的・多角的な視点が鍛えられていることを意味するからである（津川，2011）。患者の病態水準，認知の特徴，パーソナリティ傾向，感情状態の特性など，心理アセスメントの視点の多くは，臨床心理検査のスーパーヴィジョンなどを通して培われてゆき，心理療法や臨床心理面接に役立つ資質となってゆく。「どうしたら臨床心理検査が上達するのか？」という質問をよく受けるが，その答えの“鍵”は，ビギナーの場合，臨床心理検査を「司ること」ができるようになるか否かである（津川・篠竹，2010）。“司る”というのは，威張ることではなく，支配することでもないのだが，これがビギナーは思いのほかできない。心理療法とまったく同じである。その理由は心理療法も臨床心理検査も「実技」そのものだからである。ぜひ，心理療法だけでなく臨床心理検査のスーパーヴィジョンを受け続けていただきたい。

Ⅱ　初回面接（インテーク面接）における心理アセスメント
——Here and Now——

　アセスメント面接を行う学派とそうでない学派があるだろうが，初回面接（インテーク面接）のない心理療法や臨床心理面接はないだろう。そこでは，学派による技法の特徴よりも，どういう機関における初回面接なのか，ということが大きく影響するだろう。公的機関における無料単発を前提とした心理相談なのか，民間機関における有料継続を前提とした心理相談なのか，だけでも大きく違いがある。

　しかし，ありとあらゆる初回面接において，何が心理アセスメントにおいて大切なのかを考えると，「なぜこの人はいま自分の目の前にいるのだろうか？」という Here and Now の視点であろう。

　わかりやすそうな具体的な例で考えてみたい。あるメンタルヘルスクリニックで若手の臨床心理職（仮に X さんとする）が初診の前に予診をとっていた。電話予約を受けたクラークからの事前情報では「A さん，70 代，女性，主訴：不眠。近医内科で眠剤内服中」であった。予診で会ってみると感じの良い女性で，疎通は問題なく，特に緊張しているようにも，抑うつ的にも行動観察上はみえない。不眠の発症時期，現在内服している眠剤の種類と量，不眠の内容（入眠困難など），他の身体症状の有無（食欲など），既往歴，嗜癖（アルコールなど）は全部把握した。気分状態も聞いたし，意識水準に問題はなく，精神科遺伝負因もなく，過去の精神科受診歴もなく，家族背景も聞いたし云々で，予診における情報はびっしり揃ったとする。しかし，どんなに強迫的に予診における情報が埋まったとしても，この臨床心理職は，臨床心理職としての仕事をしていない。決定的な何かが欠けている。ベテランなら，すぐにわかるであろう。「なぜこの人はいま自分の目の前にいるのだろうか？」の答えがまったく得られていないのである。

NG 例

X1：（待合室で記入してもらった用紙を見ながら）眠れないということで、お越しになられたんですね？

A2：ええ、そうなんです。7月頃から寝つきが悪くなりましてね。もともとあんまり良い方ではなかったんですが、何だかね、ひどく今年は暑かったでしょ？　そのせいか寝ても、寝つけなくなっちゃいましてね。それで、血圧のお薬をずっともらっているD医院のD先生にお願いしたら、××というお薬を出していただいたんです。それがよく効いてね。寝つきもいいし、朝もすっきり起きられるし。すごくいいんですよ。それでね、近所のお友だちにその話をしたら、そういうお薬は依存性があるから、専門の先生のところでもらった方がいいよって言われましてね。それで先週お電話したら、診ていただけるってことで、今日きたんです。

X3：ああ、そうだったんですね。よくわかりました。

　まだ何もわかっていないのに「よくわかりました」はNGである。より正確に言えば、「何もわかっていない」ことに気づいていないことがNGである。このままだと「主訴：不眠。専門医を希望して来院」といった、本質の欠けた表面的な予診で終わってしまい、チーム医療における臨床心理職として機能していない。

お勧めの問診例

X3：××というお薬はよく効いて、寝つきもいいし、朝もすっきり起きられるし。よかったんですね。

A3：そうなんですよ。もう見違えるくらいよく寝られるんです。

X4：でも、近所のお友だちに「依存性があるから、専門の先生のところでもらった方がいいよ」って、そう言われて……。

A4：そうなんです。なんかね、怖くなっちゃってね。

X5：ああ，怖くなられた……。

A5：なんかね，「依存性がある」ってね。

X6：「依存性がある」って言われて，怖くなられて，それで今日こちらへ？

A6：そうなんですよ。その近所のお友だちがね，ここを知ってて。なんか，お友だちのまたお友だちが，退職した後でちょっと眠れなくなったときがあって，ここの先生に診てもらったら，寝られるようなったって言うんでね。それで，お電話したんです。

X7：なるほど。そうすると，「依存性がある」って言われて，怖くなったっていうことは，D医院のD先生には？

A7：（ちょっと下を向いて）言ってないんです。

X8：言ってない……？

A8：ええ……。D先生には家族ぐるみでお世話になっていて，主人も娘も息子も，みんな何かあるとD先生に診てもらっているんですよ。私もずっと血圧のお薬をもらっていましてね。穏やかな良い先生なんですよ。

X9：D先生は穏やかな良い先生なんですね。そんなに良いD先生に，怖くなったことを伝えないのは……？

A9：（ちょっと下を向いて）なんかね。「依存性」ってね……。怖いんですよ……。

X10：怖いんですね？（ええ）怖いとかえって訊けない？

A10：そ，そうなんです。なんかね。先生に悪いしね。

X11：ほかの不安なことなら，普段，D先生に訊けますか？

A11：あんまりね。お世話になっていますしね。それに先生の言うことなんだからね。こっちは先生の言うとおりにね，しないとね。

X12：普段も，あんまり気になることがあっても，D先生には訊けない感じかしら……。D先生以外の方には「依存性」のこと，どうですか？

A12：主人も忙しいしね。息子は優しいんですけど，忙しくてね。娘は，私がいろいろ訊くのはね……。娘は娘で趣味のこととかいろいろあるし。

こういう予診をすれば，A さんが「なぜいま自分の目の前にいるのだろうか？」という問いの答はだいぶ得られているだろう。本人の主訴は「不眠」であったとしても，「不眠」だから来院したのではなく，不安（このケースにおける不安の性質に関する心理アセスメントは割愛する）になったときに，その不安のコーピングに課題があり，それだけでなく，周囲の人々との関わり方の特徴や孤独感が捉えられ，これら全部を背景理由として A さんは来院したということがわかるだろう。「不眠による来院」という表面的かつ平面的な理解から，立体的な生身の像として A さんを捉えることができる。そして，初診医が初診で何をどこまで扱うかは別としても，このような重要な内容が初診医にもたらされることが「不眠」の解消につながることも容易に想像できよう。

心理アセスメントの視点は複数ある（津川, 2009）が，中心を外してしまっては，個々に得た内容は，ただの「情報」に終わってしまう。情報と情報をつなぎ合わせて，本当の来所理由を含めた歴史（history）ある「主訴」を把握できてこそ，予診における最低限の業務は果たされる。そして，これが心理療法においても学派を越えた心理アセスメントの中心部分ではなかろうか。

Ⅲ　継続面接における心理アセスメント

1．トリアージ

成人の感情障害の心理療法を専門のひとつとしているので，必然的に，希死念慮や自殺念慮をもつ方々とお会いすることが多くなるが，希死念慮や自殺念慮に関する心理アセスメントは，いつも注意するようにしている。事例検討会などで，よくみかけるのだが，対象者が成人のうつ病（DSM-IV-TRの MDE（Major Depressive Episode）に該当するという意味であることが医療現場の大勢である）患者である場合，多くの臨床心理職が最初に希死念慮や自殺念慮の有無を確認している。しかし，面接が進んで，抑うつ的では

なくなってくると，希死念慮や自殺念慮の有無についてふれなくなっている
ケースをよくみる。そうこうしているうちに，自殺企図が生じたりする。面
接担当者はショックを受ける。「なぜ？　どうして？」。医学的に抑うつ症状
が表面からみえなくなっていることと，その人の精神内界で起こっているこ
とはイコールではない。私にとってトリアージ[注1]（津川，2005，2009）は学
派を越えて臨床心理面接で大切な心理アセスメントの視点であり，毎回の面
接で繰り返し「適応」している。「適応」とは，怖がって，いつもビクビク
と「し，死にたいお気持ちはありますか？」と訊いて，クライエントの答え
が「死にたくありません」だと安心する，ということではない。対象者が語っ
た言葉も大切なのだが，その人の精神内界で起こっていることをいつも文脈
を追って心理アセスメントしていないと，「死にたい」と言っていなかった
のになぜか突然自殺企図が生じた，で終わってしまう。

　実際，面接をしていると，自殺念慮は，いろいろな形で表明される。たと
えば，日常生活について話しているなかで，雑談のような感じで「このとこ
ろ眼が悪くなってきたし，テレビを観ていればニュースはわかるし，全部は
読まないから新聞をとるのは，来月からよそうと思って」といった形で表明
されたりする。クライエントは嘘を言っているのではなく，全部本当のこと
なのだが，自殺しようと考えているので身辺整理をしている様子が，ごくさ
りげなく，話されていることになる。「年賀状もねえ，お金もかかるし，い
まはメールもあるし，失業中でお金もないから，今年は年賀状を買わないこ
とにしましてね」といった話も同様である。これらの話を「雑談」として聞
いていたらただの素人である。「雑談」を雑談として聞いてしまうのではな
くて，「いまなぜこの人は私にこの話をしているのだろう？」という心理ア
セスメントの中核的な視点を崩してはいけない。この視点が続いていれば，
聴き逃す確率はかなり低下する。傾聴の仕方について，ここで述べる字数
はないが，どんなに表面的には抑うつ的でなくなっていても，必ず身体が反

注1）　トリアージ：患者の重症度に基づいて心理支援の優先度をつけること。（前述，22
ページ参照）

応して,「おや？　なぜいま新聞の話を？　年賀状の話を？」とひっかかり,同時に介入の視点が生じるであろう。これは,Ⅱで述べた「クライエントはなぜいま自分の目の前にいるのだろうか？」と本質的には同じことである。

2. 面接の初期目標と中期目標─仮説とその検証

　これに関連して,心理療法において,前の面接と今日のクライエントの様子を結びつけて心理アセスメントすることは教科書的に習ってきていると思うが,もう少し広げて,心理療法の経過を,初期の目標,中期の目標というように分けて,心理療法の流れを見通すような内的訓練が大切だと考えている。これはロールシャッハ法の訓練と同じである。ただ単に,図版を対象者に渡して答えを記録するだけなら,誰でもできる。そうではなくて,ロールシャッハ体験を一緒にする（津川・篠竹,2010）ことが肝心で,そうすると,次の図版を渡すときに,次の反応が予見できるようになってくる。これは魔法でもなく,あてずっぽうでもなく,心理アセスメントによる「仮説」をもっているので「予見」できるのである。予見した反応が少し違っていれば,「仮説」が少し違っていたことを意味するので,新たな反応をもとにして,仮説を修正してゆく。これを繰り返していると,Ⅸ図版で鑑別診断の補助となる決定的なオチを予見する能力が高まってゆく。

　心理療法も同じであって,一つの面接と前の面接を関係づけて検討するだけでなく,それを蓄積していって,少し先の見通し（仮説）をいつも立てるようにすることが上達への道のひとつと考えている。要は,仮説を検証するということを,1回の面接の中だけでなく,初期目標に照らし合わせて検討したり,中期目標に照らして検討するということを,日々繰り返してゆくことになる。

Ⅳ　臨床心理学における心理アセスメントの課題

　医師による次の一文は痛烈である。対象患者が子どもを前提とした文章で

あるが，成人にも通じるので引用したい。

　「診断（diagnosis）」とは語源的に「知識のすべて」という意味であり，臨床家の知識と経験を総動員させて，その子どもの理解と対応を検討することである。その意味からは，医学的診断，心理学的診断，教育学的診断，福祉的診断などがあるはずである。「私は医師ではありませんので"診断はいたしません"」というノン・メディカルな専門家の話をよく耳にするが，それは責任回避または逃げ口上である。専門家としての自分の専門的立場に立った子どもの理解・見立て・評価などをきちんと述べるべきである。さらにいえば，医学的診断分類をつまみ食いすべきものではなく，それぞれの専門領域における診断分類体系を整えるべきである。（山崎，2010）

　まさにそのとおりである。かつて心理診断と呼ばれていた「心理アセスメント」は，その名称の変遷史は別にして，本質的には山崎（2010）の指摘のとおりのはずである。「責任回避」と「つまみ食い」は，厳しい指摘にうつるが，私たちへのエールと捉えたい。ここを頑張ることが，専門職の専門職たる所以であろう。そのためには，巨大学会がいつか基準を作ってくれるのを待つのではなく，私を含めて個々の臨床心理職が，自分の心理アセスメントをきちんと自分のことばで語れるように，そしてそれを研究として残し，蓄積していくことが大切であろう。ボトムアップなしには成しえないことである。かくかくしかじかの根拠（＝アセスメント）によって，かくかくしかじかの臨床心理面接が適当と判断し，それをクライエントに伝え，話し合って納得を得て（インフォームド・コンセント），面接契約をする。そして，かくかくしかじかの根拠（＝アセスメント）から，かくかくしかじかの心理的支援（＝トリートメント）が行われ，それに対して何がどこまで良くなり，まだ残っている課題は何なのかを一緒に確認して（＝エバリュエーション；evaluation），さらに課題に取り組むのか終了するのかを話し合い，お互い納得して継続面接を終了する。こういった当たり前の流れを自分の中で日々，

クライエントに合わせて工夫し，臨床スキルを高めていく……油断をすると
スキルダウンする！……私たちの選んだ臨床心理職は，極めて創造的な専門
職である。

V　公認心理師による心理アセスメント能力の向上と課題

　公認心理師は，関係する多くの対人援助職と同様に，実践を伴う職業であ
る。大学・大学院教育においても，臨床現場においても，実践が伴わないと
いうことはない。つまり，何かを記憶し，それを試験用紙上で再生・再認す
れば合格点が得られるといった側面だけでなく，実技・実務に関してトレー
ニングを受ける必要があり，そのため，養成教育の間だけではなく卒後・修
了後の教育研修においても，心理アセスメントに関する研修やスーパーヴィ
ジョン（個人・グループ）が極めて重要と考えられる。
　こういった研修やスーパーヴィジョン（個人・グループ）はこれまでも行
われてきたが，課題として考えられるのは，次の点である。

1．地域格差が存在すること
　指導者が豊富な地域と，必ずしもそうでない地域があり，どの地域で働い
ているかによって受けられる機会が均等とはいえない。そうなると，ｅラー
ニングなどが発想されると思うが，匿名化したとしても実際の事例のデータ
を読み解くことを学ぶのに，インターネットを用いた遠隔教育は必ずしも適
しているとはいえない。専門学会が複数あるので，地域格差を少なくするよ
うな研修やグループスーパーヴィジョンの機会の提供など，官民協働で取
り組む必要があると思われる。

2．指導者層の人数が多くないこと
　日本臨床心理士会の動向調査（2016）によれば，実際の臨床現場にいる臨
床心理士は，20 歳代が 7.7%，30 歳代が 34.88%，40 歳代が 26.9%，50 歳代

17.9%，60 歳代 9.9%，70 歳代以上 2.7%であった。この値にみられるように，若手が多く，指導者層の人数が多くないという課題がある。公認心理師制度が実際に始まり，若手が中堅層になり指導者層になるまでに，しばらくこの課題は続くものと思われる。

3. 学派や勤務領域によって力点をおくアセスメントが違うこと

たとえば，力動派であればアセスメントの中に生育歴は中心的なものの一つとして含まれるであろうが，ブリーフ・サイコセラピーであれば中心的なものの一つとして含まれるとはいえない。また，医療領域で働いていればウェクスラー系の心理検査を実施することは日常的な人が多いであろうが，スクールカウンセラーとして働いていれば，そうではないであろう。参考の

表1　心理検査の利用頻度順位（病院）；小川（2011）より

項目（心理検査名）	n	被選択率	常に	頻繁に	時々	まれに	使用せず
バウムテスト	115	76.5%	15.7%	39.1%	21.7%	15.7%	7.8%
WAIS	113	76.1%	9.7%	46.0%	20.4%	9.7%	14.2%
ロールシャッハ法	115	69.6%	14.8%	27.8%	27.0%	14.8%	15.7%
SCT	112	67.9%	14.3%	31.3%	22.3%	16.1%	16.1%
WISC	114	57.0%	9.6%	19.3%	28.1%	15.8%	27.2%
TEG	111	53.2%	3.6%	15.3%	34.2%	22.5%	24.3%
HDS	111	52.3%	15.3%	18.9%	18.0%	10.8%	36.9%
MMSE	108	45.4%	13.0%	19.4%	13.0%	12.0%	42.6%
P-F スタディ	113	41.6%	1.8%	13.3%	26.5%	23.0%	35.4%
SDS	111	41.4%	7.2%	13.5%	20.7%	24.3%	34.2%
HTP	113	40.7%	4.4%	16.8%	19.5%	17.7%	41.6%
ピネー式	111	39.6%	3.6%	9.9%	26.1%	25.2%	35.1%
Y-G	114	36.0%	0.0%	4.4%	31.6%	32.5%	31.6%
風景構成法	112	34.8%	1.8%	14.3%	18.8%	27.7%	37.5%
MMPI	114	25.4%	0.9%	14.0%	10.5%	20.2%	54.4%
DAP	111	25.2%	2.7%	10.8%	11.7%	12.6%	62.2%
家族画	112	21.4%	1.8%	5.4%	14.3%	20.5%	58.0%
STAI	110	17.3%	0.9%	2.7%	13.6%	16.4%	66.4%
K 式	111	17.1%	4.5%	3.6%	9.0%	9.0%	73.9%
CMI	110	15.5%	1.8%	3.6%	10.0%	28.2%	56.4%

ために，病院領域で使用される臨床心理検査で利用頻度の高いものは，小川，2011）の調査で表1のとおりである。

　学派だけでなく勤務領域によっても力点が違うため，公認心理師の養成教育では比較的均等に学ぶことができたとしても，卒後・修了後にアセスメント能力を向上させて行くには，学派別の専門研修だけでなく，勤務領域別の専門研修の中に心理アセスメントを含めて行く必要があると考えられる。それも，大人数の座学ではなく，少人数のグループを想定すると，これまでの1．2．のような課題と重なってしまう。しかし，生涯研修の重要性を考えれば，たとえば"保健医療分野認定公認心理師""福祉分野認定公認心理師""教育分野認定公認心理師""司法分野認定公認心理師""産業労働分野認定公認心理師"といったようなものを認定して行く必要があるであろうし，臨床現場における指導者資格や，大学・大学院における指導者資格も設ける必要があるであろう。

（臨床心理学 11 巻 2 号　2011 年　51 歳）

文　　献

津川律子（2005）「電話相談におけるアセスメント―声の文脈（context）を聴きとる」
　In：村瀬嘉代子，津川律子『電話相談の考え方とその実践』金剛出版，pp.76-87．（本書
　所収：77-88）
津川律子（2009）『精神科臨床における心理アセスメント入門』金剛出版．
津川律子，篠竹利和（2010）『シナリオで学ぶ医療現場の臨床心理検査』誠信書房．
津川律子（2011）「臨床心理検査」In：樋口輝彦ほか総編集『今日の精神疾患治療指針』
　第 17 章「精神科面接，診断と各種検査」医学書院，
山崎晃資（2010）「発達障害概念の再考」精神医学 52-8；736-737.

【事例から学ぶ①】 ヒステリー女性との面接過程
——総合病院のもつ治療構造の意義——

はじめに.

　ヒステリー（hysteria）という長い歴史をもつ神経症を取り上げるのは，いささか古くさい感があるかもしれないが，ヒステリーは現代でも臨床場面でよく関わる神経症の１型には違いない（西園，1978）。

　また，多くの研究者が指摘しているように，ヒステリーは時代とともにその表現形態に変貌をみせている。最近では，失立，失歩などの派手な演技性の転換症状（conversin symptom）をみるのは稀になり，代わって自律神経症状を主とした身体症状（visceral symptoms）を呈するヒステリーが多くなってきた。つまり，ヒステリーの多くが，心身症（psychosomatic disorders）の病像に近づいていると言えるかもしれない（中西，1990）。とすると，ヒステリー患者の病院臨床では，内科や外科領域から精神科領域への紹介，またはその逆といった連携が当然重要になってくるであろう（小川他，1990）。

　筆者（以下，Th）は総合病院の精神科に勤務する臨床心理士であるので，本小論では，総合病院という治療磯関が治療に有益であったと思われるヒステリーの一事例を取り上げ，事例の病態水準，精神病理，抑うつ（depression）との関係などに焦点を当てて考察してみたい。

II　事例の概要

【事例】：Bさん　初回面接時20代　独身女性　会社員

家族構成：

　父は繊維関係の同族会社の社長で，この会社にBさんは勤務している。仕事熱心で苦労して会社を大きくした人らしい。家庭では男一人なので，「少し浮いた存在」（以下，「　」内はBさんの発言）だが，「やっぱり一家の中心」。Bさんら子どもたちが成人して，会社の後継者問題が出てきてから，喘息の発作が起こるようになり，加療を受けている。「頑固な父」で，Bさんとは付かず離れずといった関係らしい。

　母は同じ会社の役員で，夫の仕事を助け，3人の子どもを育ててきた働き者でやり手といった雰囲気の人である。「貧血」で，時折具合が悪くなる。規則正しい食事が心身の健康を保つという考えの強い人で，Bさんの食生活には口うるさい。たとえば，朝から甘い物を食べたのでノイローゼになったのではないか？などである。Bさんをはじめ子どもたちとは一番関わりが多い存在である。

　Bさんは女三姉妹の末子である。6歳年上の長姉は嫁いで健康にしている。年が離れているせいか，Bさんはこの長姉に対して特に親密な感情は抱いていないらしい。

　次姉は，父の会社とは無関係な金融関係のOLをしており，同居している。Bさんとは年子で家族で一番親しい関係である。我慢強くて頑張り屋の姉で，「次姉が愚痴を言うのを聞いたことがない」という。Bさんの心の友であり，理想の存在らしい。この次姉も身体化しやすく，さまざまな病気になる。

　以上の四人暮しであり，経済的には比較的裕福である。面接の概要は後述するが，次姉を除いて家族の話はほとんど面接で登場せず，身体の話や交際中の男性の話が中心になるため，家庭の雰囲気を先に述べておく。

　Bさんを含めて四人全員が，頑張り屋の努力家で，弱音を吐かずに頑張り

通し，その分，身体症状を出して病院にかかり，症状をみんなで心配することで，家族が結び付いているという雰囲気の家庭である。その最たる者が次姉であり，一晩中，嘔吐で苦しんでも，次の日には出社して残業するというモーレツ社員で，責任感が強く，上司に信頼され，新入社員の教育係を仰せつかっている。それでも，「愚痴一つ言わない」。

生活歴と既往歴：
　母は妊娠中に切迫流産しかけたが，結果的には正常分娩でBさんを出産した。出生時の異常は認められていない。幼少時より熱を出したり身体化しやすく，「夢遊病のように夜中に歩いていて，そのことを全く憶えていない」（sleepwalking disorder）というエピソードもみられた。
　小3の終わりに口内炎のため1カ月間，Thが勤務する病院の小児科に入院した。退院後すぐに呼吸困難と全身硬直で倒れてZ大学病院へ1カ月入院。「口内炎の後遺症か貧血」だったという。この頃から現在まで偏頭痛があり，「貧血」持ちだが，血液検査ではいつも異常がない。「貧血」（転換症状）のため時々失神や転倒し，外傷のために入院歴が数回あるが，脳波検査等で異常を指摘されたことはない。
　学業成績は中位。性格的には，「自分の話を相手はどう受け取っているのか？」などと人に気を使うたちで，自己顕示的で演技的な演技性パーソナリティ障害（histrionic personality disorder）という側面はみられない。友人も普通におり，対人関係障害も特に目立たない。
　家庭内では，「事なかれ主義」とよく言われていたという。姉が二人いたため，いつも姉たちが，楽器のお稽古や受験勉強などで苦労するのを見ては，そんなに苦労するならばと，自分はやらずに回避してしまう傾向があったらしい。「やればできるのに，努力しない子」であった。
　高校卒業後，父の仕事に関係のある専門学校に進み，この間は「楽しかった」。卒業後，父の会社の社員となった。午前中は一人で在庫管理の事務仕事をやり，午後は親類と出荷業務を担当している。会社は親族が多く同年代

の話相手になる人がいない。仕事は嫌いではないが，単調な毎日の繰り返しである。

現病歴と来談までの経過：

X年（24歳）；この頃より，「いろいろなことを考えるようになってきた」。軽い抑うつ状態の始まりで，不眠も時々出現しだしたが，仕事は休まずに出勤していた。会社の後継者問題や，結婚を申し込まれている男性（Cさん）が遠方へ赴任して会えなくなったこと，次姉が婚約したことなどBさんにとって大きな問題が続いて出現したことが抑うつ状態の誘因として挙げられた。

X +1年（25歳）；あとで母が振り返ってみると，Bさんが少し元気がなかった気もするが，家族の誰も彼女の抑うつ状態に気づいていなかった。

X +1年6月下旬；夜中に，「このままずっと眠れればいいなー」と思い，不眠用に買ってあった漢方薬と頭痛用に常用していたaspirin·dialuminateを大量服薬した。自分から友人に電話して薬を飲んだことを告げたため，救急車でThの病院へ運ばれた。翌日の昼頃に意識が戻り，内科の経過は良好で3日後に退院し，母と二人で精神科を初診した。予診でThが会った。Bさんはいかにも元気がない様子で，母は娘の突然の自殺企図に不安そうであった。抑うつ状態との暫定診断で薬物療法が開始された。投薬内容は変遷するが，不眠に対してはbrotizolamが，抑うつ気分などに対しては三環系抗うつ薬が中心的な処方である。3回目の再診時に，担当医がカウンセリングを勧めて，Thとの面接が始まることになった。

8月上旬；初回面接。この回だけは診断面接を兼ねて1時間半。

全経過中に出現した症状：

抑うつ気分，希死念慮，自殺企図，全身倦怠感，易疲労感，睡眠障害（入眠困難），発熱，生理不順，頭痛，首筋のこり，肩こり，背筋痛，腰痛，手指のふるえ，過呼吸発作，不安発作，被暗示性亢進，過食，悪心，嘔気，嘔

吐，口渇，皮膚のかゆみ，じん麻疹，頭髪の脱毛，解離反応（自傷行為と心因性健忘），幻覚や妄想などの精神病症状はない。反社会的行為や家庭内暴力もない。

確定診断:

Hysteria。なお，DSM-Ⅲ-R（1987）では Conversion Disorder と Psychogenic Amnesia に該当する。

Ⅱ　面接経過

第1期［♯1（X＋1年8月）～♯21（X＋1年12月）］

　♯1：母と二人で来談。最初はBさんと二人で話して，その後に母に入ってもらった。聞き取れないほどの小声でポツポツと語る。「まだ少し元気がない」と抑うつ状態が続いている。「ものごとを考えないようになれたらいいです」と言うので，どういうことなのか，〈もう少し詳しく，話せる範囲でお願いします〉（以下，〈　〉内は Th の発言）と促すと，「先のこと，結婚のこととか」と言葉を濁す。「つき合っている人いますけど，遠くにいるんで会えない」と結婚問題で悩んでいるらしいことはわかるが，話題は広く浅くという初回面接であった。大げさに症状を訴えたりすることはなく，甘えるわけでもなく，強迫的に質問するわけでもなく，大人しい雰囲気の人。症状を他人のせいにする他罰性や操作性を感じさせない‘いじらしい’人という印象で，初回から Th は B さんに好感をもっていて，この好感はずっと続いた。

　母が入室すると，母は不安の塊で質問の嵐になった。すっかりよくなるんでしょうか？　食事は三度三度ちゃんとした方がいいんでしょうか？などと，細々とした日常生活についての質問が続く。Bさんは黙って聞いていて，嫌そうでもなく嬉しそうでもなく感情を表に出さない。週に1回，40分の面接を開始。

　♯2からBさんと二人きりの面接が続き，悩みについて具体的に話して

くれるようになった。悩みは仕事場で話す相手がいないこと，次姉の体調が悪いこと，つき合っている男性（Ｃさん）との関係という３点が主だった。

仕事場では，単調な毎日のうえに，親類たちと話題が合わない。女三人姉妹なので父の会社の後継者問題があるが，姉たちは継ぐ気がないし，自分も継ぐ気はない。しかし，両親は末子のＢさんが継いでくれることを期待している。

次姉は，翌年結婚する予定でいるが，会社での仕事が多忙なためか，体調がいつも悪く，「次姉が苦しんでいるのを見ていてかわいそう」。次姉の話題がよく出るのに対して，両親や長姉の話はほとんど出ない。

Ｃさんとは，結婚の約束をしているが，地理的に遠く離れてしまったことと多忙なため，なかなか話ができなくて淋しい。どの悩みにせよ，「淋しい」気持ちが強かった。

＃４から，彼に自分から手紙を出したり，友だちと映画を見に行ったりと活動的になり，意欲や抑うつ気分は段々と回復していくようにみえた。しかし，Ｃさんに電話しても，すぐに電話を切られたり，手紙の返事も来なかったりと，冷たい対応に遭うと過呼吸発作を起こした（＃６）。しかし，「彼のこと考えてたら，また発作起きちゃった。彼のことは気にいっているけど，電話ぐらいくれても。憎たらしくなる。いくら忙しくても……」と，過呼吸発作とＣさんとの関連は自ら意識化できていた。

次姉の方はポリープがあったが，手術直前に突然消失した（＃７）。次姉もいつも身体化を繰り返しているようだった。

段々とＣさんの話題が多くなって，初回面接でThが感じたように結婚問題が彼女の中心的な悩みであることが明確になってきた。「最近は彼と全然話してないから何考えているのかわからない。何かどうでもよくなってきちゃった。もう疲れちゃった」（＃８）。「彼からは全然連絡ないし，こっちからも連絡してない」（＃９）と，Ｃさんへの思いが薄らいでいくようにみえた。

しかし，＃10では，右手包帯姿で入室し，「壁に手をぶつけちゃった。友

だちと飲みに行ったら貧血起こして血まで吐いた」と言う。「彼が電話をくれる約束だったのに，ずっとかけてこない。嫌になった。どこにぶつけていいかわかんなくて，自分にぶつけちゃった。これ以上，彼のこと考えてると自分でもどうにかなりそう」と，自傷行為が出現しだした。

♯12に突然の展開があった。泣きはらした顔で来院し，「悔しくて悔しくて」と言う。Cさんの仕事場へ初めて電話したら，そんな人物は勤務していないと言われた。驚いて彼に電話したら，何も言い訳しないし反論もしない。定職も持っていないらしい。一体どうなっているのかわからないが，「彼とはもう終わり。結局，振り回されていたかな。みんな，こうなってよかったわって言う。切り替えがやっとできた。今までいつも彼のことが頭のはじにあって，すっきりしなかった。今，考えると無駄な時を過ごしちゃった。でも，いい経験になった」。

この展開にはThも驚いたが，Cさんの不透明な生活が露呈して，かえって別れる決意がついたようだった。そして，彼が悪徳商法にひっかかってから人生を狂わせて，それが原因で一時は喧嘩別れをしたという話が初めて語られ（♯13），今回の勤務場所不明という事態もそれが原因らしかった。Cさんは自分の両親の経済的危機を救うために早く社会人になった，という苦労人らしく，交際期間は3年以上あるらしいが，彼のどこをBさんが気にいったのか，Thはよくわからなかった。

♯14は，「ようやくさっぱりした。たまに何やってるのかなーと思うけど，私は私，あっちはあっち。一体何だったんだろう。喧嘩して別れたんじゃない。話してもいない。一方的な別れ。ただ振り回されただけ。無駄な時間を過ごした」。この時期は過食傾向があり，脱毛，後頭部痛，腰痛など，「持病」が目立った。身体症状を丹念に聞いていく姿勢をThは続けた。毎回，身体症状ばかりを聞いていると，面接者の方がうんざりしてしまい，早く内省しないかと焦ってしまうという場合があるかと思うが，過去にその種の失敗を経験したあとだったので，Thとしては焦らぬよう悠長に構えていた。

♯15でも，Cさんのことを思い出して過呼吸発作を起こし，偏頭痛もひ

どかったが，♯16からは気分が安定しだし，Cさんとの悲哀の仕事（mourning work）ができないままに，むしろどんどん活動的になり（manic defense）（岩崎，1985），友だちと海外旅行へ行った。Thとしては，このままでいいのだろうかと訝りつつ，症状がどんどん改善していくので，あまり口を出せないでいた。たとえば，次のように持ちかけたりしても，内省がどんどん進むという雰囲気ではなかった。

〈家の人はみんな弱音を吐かないから，Bさんもここで，吐きにくいのかしら？〉「いいえ，そんなことありません。私，弱音ばかり吐いています」〈そーおー，だってあんまり悪口も言わないし，他人のせいにするより自分のせいにばかりするじゃない〉「たくさん悪口も愚痴も言ってますよ」（♯20）。無理して抑圧しているとか，つっぱって頑張っているという様子でなく，ごく穏やかに応答するので，こちらもつい引き下がってしまう，そんなことが多かったように思う。

その後，1回過呼吸発作を起こしたが，「体調も気分も元に戻った」と，年末は好きなスキーに出かけた。第1期は無遅刻・無欠席で来談していた。

第2期 [♯22（X＋2年1月）〜♯31（X＋2年3月）]

♯22；「無事スキーへ行ってきて楽しかった。次姉の結婚式がもうすぐ」と，安定が続いているように見えたが，♯23から急変した。母の話によると，夜間Bさんがあちこちに電話して，泣いたり，カミソリを探して「死にたい」と言い出したという。過呼吸発作を起こし，嘔吐も伴った。その間の記憶はない（心因性健忘）。また，自分で自分の右腕を切った（自傷行為）り，「私ばっかり一人ぼっちで！ 何でお母さん私を産んだの！ 私なんてどうなってもいい！」と叫んだりしたという。昼間は何ともなく元気に仕事をしているのに，夜になると別人のようになってしまう。

Bさんと二人で話すと，「全く記憶がないなんて，自分でも信じられない。死にたいとも思ってないのに……」〈記憶がないことは自分ではどう感じるのかな？〉「……恐い。記憶がないなんて恐い」〈記憶がないことは恐いんだ

ね〉「ええ……」〈そしたら，Bさんの憶えてない自分は何かつらいことがあって，ずいぶん荒れてたみたいなんだけどね，お母さんから聞くと〉「ええ」〈何かつらい気持ちが，自分では気づかないけれども，あるらしいんだけど，それはどう思うかな？〉「……周りがみんな結婚したりして，毎年，仲間でスキーに行ったりしていたけど，それも今年で終わりかなって……一人だけ取り残された感じでね……」〈一人だけ取り残された感じなのね〉「……この前に姉の貸し衣装をいっしょに見に行って，きれいでよかった……何か……ウエディングドレスいーなー，私も着れるのかしら？　……危機感っていうか，友だちいなくなっちゃうんじゃないか……今度の姉の結婚式がつらい。周りはみんな相手がいるけど，特定の人って私はいない。いざっていうときに頼れる人がいてくれたら。今の状況じゃ無理……姉は姉っていうより友だちみたいだった……」〈お姉さんも結婚しちゃうし，みんな離れていって，一人ぼっちになっちゃう，そんな淋しさがあるんだね〉（Bさんうなずく）。「……昔，Cさんとこっちにいた頃は何でも頼りにしてよかった……仕事中は何も感じないけど，夜に自分の部屋で一人でいると，いたたまれない……情けない。しっかりしなくちゃいけない」。

　二人で話す前に，母から状況を聞いたときは困惑していたThも，彼女の話を聞き，かろうじて心の奥底で自分の自傷行為とCさんとのmourning workがつながっていることを感じ，外来でまだ持ちこたえられると判断し，これだけ激しい症状は長くは続かないだろうと予測していた。

　♯24は，まだ夜間の自傷行為と心因性健忘，過呼吸発作が続いていた。夜にCさんのところへ電話をかけて，「私は何だったの！　彼女ができたの！　お前なんか死んでしまえ！」と，泣きながらさんざん悪態をついたらしいが，それも憶えていない。「Cさんの顔も見たくない。全然過去のことは過去のことで関係ない。思い出さないし……自分では死ぬ意志はないのに，どうして切るのか……本当に自分でも信じられない」。

　♯25は高熱で寝込んで来院できない。母からの情報では，その前の主治医の診察で，精神病院は嫌だろうから頑張れと励まされたのを気にして，「精

神病院は嫌」と泣き，受けるようにと指示された脳波検査のことも心配しているという。脳波検査の日に，不安発作を起こして救急外来にかかり，検査は延期された。熱は治まらずに40度台に達したが内科的な原因ははっきりしなかった。Thと疎通のよい医師が内科の担当医だったので，安心して内科に任せていた。

♯29に久しぶりにBさん本人が来談。主治医に「もし何かあったら精神病院へって言われて，それで精神病院と脳波検査が結びついて恐くなっちゃって」と語る。今までにないほどさっぱりとした表情なので，そのことを指摘すると，笑いながら「熱が出て，悪いものが全部出ちゃったみたい。調子いいし，偏頭痛とかずっとあったのが，みんないないんですよ。姉の結婚のこととか，前は常に頭の隅にあったのが，姉がいなくなったら，いなくなったとき。友だちがいるからいいやって思う。自分が，腕を切ったりしてたなんて信じられない。晴れ晴れした感じ」と，声も生き生きしていた。

♯30より体調も気分も安定した。次姉の引っ越しを手伝ったり多忙になった。「もやもやしてたのが吹っ切れた」（♯31）。好調なままに次姉の結婚式がやってきた。Thとしては，結婚式後の悪化を予測しており，悪化して抑うつ状態が訪れたときに，彼女の内界をもう少し扱いたいと思っていた。

第3期 [♯32（X +2年3月）～♯42（X +2年6月）]

結婚式が終わった♯32では，小さな甥を連れて来談した。「結婚式のあとはやっぱり少しがっかりしちゃった。夜に淋しくなって友だちの家に電話しちゃった。姉とは何でもいっしょで仲のいい友だちだったのに……」と，しんみりしたいい雰囲気になり，うつ気分の中にいながら内省できるチャンスだとThは期待したが，甥っ子が出たり入ったり騒いで，その雰囲気を偶然のように邪魔した。

♯33に突然，別れたCさんが会いに来たが，「もうあきれちゃって。二度とかかわり合いになりたくない」と，動揺は見せなかった。体調も気分もよい状態が続いて早くも新しいボーイフレンドができた（Dさん）。Dさん

はBさんの高校時代の同級生で，音沙汰なかったのに，彼女の方から連絡をとって再会したらしかった。Dさんも家庭環境が複雑な苦労人らしかった。そのDさんに，いい人がいたら自分とじゃなくても結婚すればよいと言われたあとから，頭髪の脱毛が始まり（＃36），内科で精査したが異常はなかった。この時期は，次姉は結婚後の環境の急激な変化からか，嘔吐などで頻回に病院を受診しており，父は娘の結婚という喪失からか，喘息の発作がひどく，家族みんなが体調をくずしていた。

　あれよあれよという間に，Bさんの体調は，脱毛の次に37度台の発熱が続き，精神科の内服薬はすべて中止した。以後，精神科の薬は内服していない。

　＃42に発熱も治まり，身体症状がやっと治まった。そこで，Cさん，Dさんと生活歴の複雑な苦労人ばかりを好きになるという対象選択（object choice）の問題を感じていたThが，そのことを取り上げた。Bさんは「苦労人の方が心が広い。おぼっちゃんタイプは歯がゆい」と主張した。しかし，この苦労人のイメージは父とは違う，父は頑固なところがあるからと付け加えた。

第4期［＃43（X＋2年7月）〜＃54（X＋2年12月）］

　やっと落ち着いたと思ったのも束の間で，ヘルペスで婦人科へ入院した。＃43ではヘルペスの再発の心配と，Dさんと会ったら，結婚はしない，結婚は墓場だと言われたと少しむっとした口調で語った。その直後，39度台の発熱で内科へ緊急入院した。髄膜炎の疑いがあったが，入院してすぐに熱は下がり確定診断はつかなかった。＃44では，発熱とDさんの発言との関係は否定され，もう精神的なものと身体症状とが結びつかなくなった。入院中に「持病の偏頭痛」が出たが，プラセボ（placebo）で治まった。2週間入院して退院した。Thは内科病棟のスタッフと頻回に接触をもった。退院後，内科と精神科の合同ケース会議でBさんのことが検討され，内科と精神科の両方で外来治療を続けることになった。

　＃50では，小さな身体症状だけが前景にでる状態となり，身体症状と関

係するものは「何も思いつかない」。しかし，その方がかえって精神的には落ち着いた状態になり，♯51より相談のうえでカウンセリングは月に1回とした。最終回（♯54）では，「何かくよくよと考えなくなった。何とかなるんじゃないかなって。もう，ここずっと大丈夫だし，大きな症状はもう出ないと自分でも思うし，万が一何かあったら，ここに来ればいいんだし」と笑って述べ，持病の偏頭痛以外は症状はなく終了した。

Ⅲ 考 察

1. 病態水準

　Bさんが神経症パーソナリティ構造（neurotic personality organization,以下，NPO）の人なのか，境界パーソナリティ構造（borderline personality organization, 以下，BPO）の人なのかという点が面接を進めるうえでまず問題になるかもしれない（鍋田，1989／佐野・柏瀬，1989）。

　NPOを支持する点は，症状をThを含めた他人のせいと非難せずに自分で乗り越えようとする操作性のないBさんの態度。この態度がもたらす治療者−来談者関係を維持する能力を備えていること。治療構造をきちんと守れること。Thに対してだけでなく，どのスタッフに対しても同様の態度で接して人によって態度を豹変させる（理想化と脱価値化）ことはない点などがあげられ，DSM-Ⅲ-Rでもborderline personality disorderに該当しない。

　しかし，BPOを示唆する点としては，症状が多岐に渡り症候移動（syndrome shift；小此木，1964, 1965）が目立つこと，防衛機制として分裂（splitting；笠原，1983）が働いていること，人生の長期目標に関して同一性の問題があること，自殺企図や自傷行為といった自己破壊的要素を持つ行動化（acting out）がみられることなどがあり，こういった治療上大切な点は無視できない。

　NPOとBPOは完全に区別できるものではなく，丁度スペクトルのようにつながって移行するものであろうし，BPOの人でも神経症水準の防衛機制

も持っているのであるから，治療者によって病態水準の判断もずれがあると
は思うが，やはり，splitting が働いているという点で，B さんは BPO 水準
の人と考えた方が治療上よいように思う。

　また，診断については，精神科の伝統的診断でいけばヒステリーであろう
が，失立・失歩，失声といった運動系症状（moter symptoms）もヒステリー
盲のような知覚系障害（sensory symptoms）もなく，自律神経系の身体症
状が多くみられ，ヘルペスのような器質障害もあり，内科領域では心身症と
診断されるかもしれない（片山，1989／前田，1966）。

2. 精神病理

　B さんが幼少時より転換症状を呈していたことは明らかで，持病の偏頭痛
もプラセボが著効するところをみると，転換症状の一種とみられる。これは，
事例の概要で前述したように，愚痴を言わず，弱音を吐かず，その代わりに
身体症状を出して，身体症状を心配することで家族が支え合い，この点では
結びつきの強い家族であるといった B さんの家庭のあり方が大きく影響し
ているように思う。口で表現するより体で表現する一家と言えるかもしれな
い。

　そして，少なくとも自殺企図を起こすまでは，B さんは著しい適応障害は
示していない。むしろ，次姉と仲がよくて大人しい末子として成育した。

　しかし，プレ成人期（preadult；笠原，1976）になって，大きく混乱する
ことになった。結婚の約束をしていた C さんが冷たくなり，次姉の結婚も
決まり，対象喪失（object loss）が彼女に訪れたときに，抑うつ状態に陥っ
て自殺企図が行われた。次姉の結婚が決まった時期と C さんと結婚の約束
をした時期のどちらが先かは判然としないが，次姉の結婚が決まったことの
方が彼女にとっては大きなことだったように思う。

　つまり，B さんの中で理想化されていた次姉との同一化（identification）
が破れかけたときに，別に一体化する対象として C さんが選ばれたのかも
しれない。ところが，その C さんとも疎遠になり，彼女は破綻をきたすこ

とになった。

　多様な症状を出しながら彼女が訴えていたのは，誰かと一体化することなしに，一人ぼっちでは生きられないということであり，同一化への強い希求であったように思われる。しかし，現実は彼女の思いと反対に，Cさんとの別離，次姉の結婚と一人ぼっちになってしまった。ここまでが面接の第2期である。

　第3期に入り，次姉との mourning work をする代わりに，Dさんを見つけてきたが，またも一体化はできない対象であることがわかり，第4期には本当の身体疾患（ヘルペス）になり，最後に落ち着きを取り戻していった。

　ヒステリーにおける同一化の問題は過去の研究でも指摘されている（鍋田，1989／中西，1990）。鍋田は，同一化をヒステリーの本質と捉えて，次のように述べている。

　「ヒステリーというものは，まず理想化した対象あるいは理想化しやすい強力な対象に特別に庇護されているという暗黙の契約関係がある。そして，それが破綻した場合に，この関係を必死に再建しようとしたり，何らかの挫折体験があって，それに伴う傷つきをそのような幻想的な関係で癒そうとする欲求が象徴的に身体化して現れるものがヒステリー反応であると理解される」。

　さらに考察すれば，Bさんの場合，同一化の背後にある家（母）との分離（separation）の問題，これこそが彼女の精神内界の奥底に存在している基本的問題であることが面接経過から窺えるかもしれない。

　たとえば，「ウェディングドレスいいなー，私も着れるかしら？」（#23）という発言にBさんの家からの分離独立欲求という側面を見て取れはしないだろうか。結びつきの強い家族と一生暮らすことをBさんは望んでいたのではない。長年，同一化していた家（母）との分離欲求は，彼女がプレ成人期になって頭をもたげ，活性化していたであろうし，それに次姉の婚約が火をつけたのかもしれない。反面，それだけ同一化している家（母）から分離するためには，それと同じくらい強く同一化できる別の対象が必要だった

のかもしれない。そのため，Cさん，Dさんと対象を求め続けていったとも考えられる。

　なぜか，結婚が難しい男性ばかりを彼女が選択してしまうのは，家から分離個体化（separation individuation）するのを無意識的に避けていると捉えることもできる。

　しかし，Bさんの場合，この点を直面化（confrontation）しても，「いいえ，結婚したいんです。家のことは全然心配してません」と全く意識化されてこず，洞察志向的な試みはあまり成功しなかった。家（母）との分離という基本的問題を取り扱うのは時期尚早であったとも考えられるし，Bさんが洞察志向的な人というより，身体化する人であったという点も関係していよう。

3. 抑うつとの関係

　初回面接時だけのBさんの状態像をみれば，DSM-Ⅲ-Rで大うつ病（major depression）に該当する抑うつ状態である。ヒステリーとうつ病の関係は過去の諸研究に詳しい。西園（1980）も成人のヒステリー62名のうち，24.2%に抑うつが認められたと報告している。そして，ヒステリー症状はより深い抑うつに陥るのを防ぐ防衛として機能していると指摘している研究者も既にいる（Laplanche, 1974 ／ Zetzel, 1968）。

　Bさんの場合も，抑うつを否認（denial）する形で転換症状を起こしていることは，♯23のしみじみとした陳述にも出ている。抑うつを否認しようとして頻回な過呼吸発作などを出しても否認しきれずに，♯23では，自分からはぎ取られていくように周囲の人が去って一人ぽっちになってしまう淋しさが切々と語られている。

　言い替えれば，抑うつ気分が我慢できるように身体症状が存在し，それより抑うつ気分が強くなると解離反応を起こすと考えられるかもしれない。この機制は，日常誰もが経験する。たとえば，ショックなことがあって落ち込んでいるときに，ゆううつな気分につきまとわれているよりも，風邪でもひいて高熱で寝込んでしまった方がよっぽど耐えやすいということがあるだろ

う。これに関連して，Ｂさんがしばしば熱発し，熱発したあとに気分がすっきりとするという自己治療も印象的であった。解離反応も同じであるが，意識が多少もうろうとした状態で，身体症状を出すことによって，自分が立ち直っていく様は，人の回復能力をまざまざと見せつけられた思いがする。

　Ｂさんの混乱した抑うつ状態を従来の心理学用語でいえば，エリクソン（Erikson, E.）のいう青年期の同一性危機（identity crisis）の状態といってよいのであろうか。話が戻るようだが，自我同一性（ego identity）の形成に前述の同一化が重要な役割を果たすということは既に知られている（岩崎，1985）。そして，同一化といっても，二次的同一化（secondary identification）の水準ではなく，彼女の方が一方的に理想化した対象を求め続けるといった自己愛的同一化（narcissistic identification；小此木，1972）を持つ人であったゆえ，危機はいっそう深刻なものとなり，深い抑うつ状態へと導かれたのかもしれない。

4. 面接のあり方

　面接を振り返って，支持的アプローチと洞察志向的なアプローチの比重を考えれば，前者の割合がより多かった。この理由の一つは，前述した彼女の操作性のない態度がもたらしたものかもしれない。他罰的でなく，他者から好感をもたれるようにいるのが彼女の転移（transference）であり，その転移のままに，"優しくて物分かりがよくて，あまり深く精神内界に踏み込んでこない治療者"であったのがＴｈの逆転移（counter transference）ではないだろうか。もう少し，'いじらしい'彼女の奥に潜む問題を洞察志向的に扱えなかったのだろうかという反省が残る。♯20のやりとりにみられるように，Ｔｈの踏み込み不足が多かった。

　従って，治療は一応終結しているが，それは彼女が自分の精神内界を充分に内省し，自己洞察の末に精神的安定を得たというよりは，"優しい治療者"との間での転移性治癒（transference cure）であった可能性があろう。しかし，これを逆の観点からみると，Ｂさんにとっては，抑圧している深い部分をい

きなり取り扱うより，まずはホールディング環境（holding environment；林，1990）が必要であったと考えられるかもしれない。

次に，面接のあり方として，A-T スプリットが機能したことが B さんの治療に役立ったように個人的に感じている。A-T スプリットとは，「投薬や日常生活に関する医学的管理や指導など現実的な側面を担う者と，精神内界の病理を扱う者とが役割り分化している治療構造のこと」（中村，1990）であり，B さんの場合は前者を精神科医が，後者を Th が担った。

病院臨床心理士はよく精神科医の診察と並行して面接を行うことになるので，これは"重複精神療法"と呼ばれており，高橋ら（1990）は重複精神療法においては，来談者の病態水準によって臨床心理士の治療における役割が違ってくることを指摘している。そして，高橋らは A-T スプリットについてもふれ，「（A-T スプリットは）現在の医療体制はそうなってはいないし，それだけですべてがかたづくというものでもない」と述べている。まさにその通りであるが，B さんのように身体化が激しく，その管理と精神病理の取り扱いが同時に必要になってくる事例では，A-T スプリットはやはり有効であるようにも思う。精神科医が管理者として関わっていることが，臨床心理士の精神衛生を保つし，臨床心理士が精神病理を扱っていることが精神科医の精神衛生を保つという円滑な関係があったからこそ，激しい自傷行為や解離が出現したときも外来で扱えたように感じている。

5．治療機関

最終的に彼女が落ち着きを取り戻したのはどうしてだろうか。現実には，彼女は一人ぼっちになり，結婚問題も会社の後継問題も片づいていない。現実的な問題は何も解決していないのに，持病の偏頭痛を除いて症状は治まった。

最終回で，「何とかなるんじゃないか」と述べているが，この言葉に彼女が苦しんだすえに得た安心感（そう焦って誰かにしがみつかないでも何とか生きて行ける）が表れているように思う。この安心感は，彼女に関わったす

べての人から得た発達の結果なのだろうが，Bさんの弁によると，「万が一何かあったら，ここに来ればいいんだし」と，救急外来のある総合病院で診てもらったという安心感も影響していたようである。夜中に身体症状を起こしても，24時間いつでも診てくれるという治療機関は，彼女のように身体症状を呈する人には大きな安心となったのであろう。

　同時に，この安心感はThにとっても大きかった。どんな身体症状が出ても，いつでも各診療科の専門医が診てくれるという安心感がなかったら，Thも余裕を失って面接にかなり影響したと思う。つまり，総合病院そのものが，BさんにとってもThにとっても 'holding environment' として機能していた。総合病院における臨床心理士という治療構造が面接に与える影響については，今後もう少し掘り下げて考察する必要があるだろうし，コンサルテーション・リエゾン精神医学（consultation-liaison psychiatry；成田，1986）における臨床心理士の役割に関しても研究が必要なのではないだろうか。

　そこで，臨床心理士として，精神科と他科とのリエゾン（liaison）において普段心がけている点について2点だけ簡潔にふれてみたい。

　Thの勤務する病院は平成4年1月時点で定床数が563床，診療科目が20科目という大規模民間総合病院であり，各科の臨床の横のつながりを強くする意味もあって，脳神経センターという組織が設置されている。これは神経疾患を扱う関連各診療部門を統合する組織であり，Thも望んでメンバーになっている。組織といっても共同の診察室をもたないため，一種の機能的組織であり，日常の臨床は各部門別に行っているのだが，このセンターに関わっていることが，他科とのリエゾンを円滑にしている。たとえば，センター活動の一環として，内科との定期的なカンファレンスをもっているが，こういった機会に臨床心理士として患者の心理学的問題について積極的に関わるように心している。

　次に，精神科初診患者の予診をThは業務として受け持っているのだが，他科病棟入院患者で精神科へ診察依頼があった場合も予診をとるようにして

いる。そのため，頻回に他科の病棟に顔を出す必要が生じ，病棟スタッフと会話する回数が多い。こういった背景を作っているおかげで，Bさんの治療でも比較的スムースに相談し合えた。

　自分の職場を 'holding environment' にしていく地道な活動が，Bさんのような身体化の激しい来談者の面接の下地となって生きてくることを実感している。

（心理臨床5巻1号　1992年　32歳）

文　献

赤田豊治（1958）「内因性欝病とヒステリー」精神神経学雑誌，60 ; 1436.

American Psychiatric Association（1987）Diagnostic and Statistical Manual of Mental Disorders. The Third Edition-Revised, Washington D. C.

Bibb, R. C. and Guze, S.B.（1987）Hysteria（Briquet's syndrome）in a psychiatric hospital: the significance of secondary depression. Am. J. Psychiat., 129 ; 224,.

Erikson, E. H.（1959）Idenity and the Life Cycle. Psychological Issues Vol. 1, No. 1, Monograph 1, International Universities Press, Inc., New York, 1959.（小此木啓吾ほか訳（1973）『自我同一性』誠信書房.）

Gelfman, M.（1971）Dynamics of the correlations between hysteria and depression. Am. J. Psychother., 25; 83.

林直樹（1990）『境界例の精神病理と精神療法』金剛出版，pp. 65-66.

岩崎徹也（1985）加藤正明ほか編『増補版精神医学事典』弘文堂，pp. 473-474.

岩崎徹也（1985）「クライン学派および対象関係学派からみた躁とうつ」精神分析研究，29 ; 27.

笠原嘉（1976）「今日の青年期の精神期病理像」笠原嘉ほか編『青年期の精神病理』弘文堂，pp. 3-27.

笠原嘉（1976）『精神科医のノート』みすず書房，pp. 32-49.

笠原嘉（1983）「精神医学における境界例の概念をめぐって―分割（スプリット）についての一考察」精神分析研究，27 ; 1.

片山義郎（1989）「ヒステリー・身体疾患・心身症」島薗安雄，保崎秀夫編『精神科MOOK23　神経症の発症機制と診断』金原出版，pp. 240-248.

Kernberg, O. F.（1980）Neurosis, Psychosis, and the Borderline States. Kaplan, H.I., Freedman, A. M., Sadock, B. J. : Comprehensive Textbook of Psychiatry/ Ⅲ , volume I,

The Williams Wilkins, Baltimore, pp. 1079-1092.

Laplanche, J. (1974) Panel on 'hysteria today'. Int. J. Psycho-anal., 55 ; 459.

Laughlin, H. P. (1956) The Neuroses in Clinical Practice. W. B. Saunders Company, Philadelphia, London, pp. 251-254.

Lazare, A., Klerman, G.L. (1968) Hysteria and depression: The frequency and significance of hysterical personality features in hospitalized depressed women. Am. J. Psychiat., 124 ; 48.

前田重治 (1966)「ヒステリーの定義—内科」精神身体医学, 6 ; 17.

鍋田恭孝 (1989)「ヒステリー研究—その本質と症状の時代的変遷の意味するもの」島薗安雄, 保崎秀夫編『精神科 MOOK23 神経症の発症機制と診断』金原出版, pp.149-159.

中村留貴子 (1990)「入院治療における治療構造論的理解—A-T スプリットによる個人精神療法の立場から」岩崎徹也ほか編『治療構造論』岩崎学術出版社, pp. 124-138.

中西俊夫 (1982)「ヒステリー的色彩の強い抑うつ症例について」臨床精神病理, 3 ; 65.

中西俊夫 (1990)「ヒステリーの現代的病像について—抑うつと境界例化に注目して」精神医学, 32 ; 845.

成田善弘 (1986)「コンサルテーション・リエゾン」西山詮編『リエゾン精神医学の実際』新興医学出版社, pp. 1-22.

西田博文 (1967)「青年期神経症の時代的変遷—心因と病像に関して」児童精神医学とその近接領域, 9 ; 1.

西田博文 (1980)「ヒステリー像の時代的変遷—大運動性ヒステリーの減少を中心に」臨床精神医学, 9 ; 1193.

西園昌久 (1978)「ヒステリー」懸田克躬編『現代精神医学体系 6A 神経症と心因反応 I』中山書店, pp. 196-201.

西園昌久 (1980)「ヒステリーの臨床」臨床精神医学, 9 ; 1145.

小川雅美, 山崎友子, 堀川直史ほか(1990)「総合病院精神科におけるヒステリー患者の分析」総合病院精神医学, 2 ; 68.

小此木啓吾, 鈴木寿治, 岩崎徹也 (1964)「心身医学における症候移動の研究 (その1) —いわゆる心身症患者の精神療法的観察から」精神身体医学, 4 ; 386.

小此木啓吾, 山本喜三郎 (1965)「心身医学における症候移動の研究 (その2) —身体症状を主とした神経症・ヒステリーの予後調査から」精神身体医学, 5 ; 23.

小此木啓吾, 馬場禮子 (1972)『精神力動論』医学書院, pp. 298-299.

桜井図南男 (1967)「神経症・心因反応」秋元波留夫ほか編『日本精神医学全書 (3-1)』金原出版, pp. 1-46.

佐野信也, 柏瀬宏隆 (1989)「神経症と境界パーソナリティー障害」島薗安雄, 保崎秀夫編『精神科 MOOK23　神経症の発症機制と診断』金原出版, pp. 249-261.

新垣元武 (1963)「ヒステリーの時代的変遷」九州神経精神医学, 10 ; 28.

Slavney, P.R., McHugh, P. R.（1974）The hysterical personality. Arch. Gen. Psychiatry, 30 ; 325.

Stefanis, C., Markidis, M., Christodoulou, G.（1976）Observation on the evolution of the hysterical symptomatology. Br. J. Psychiat., 128 ; 269.

高橋昇, 三宅朝子, 三和啓二ほか（1990）「精神科病院での重複精神療法における臨床心理士の役割」心理臨床, 3 ; 187.

矢崎妙子（1980）「ヒステリーとうつ病」臨床精神医学, 9 ; 1157.

Zetzel, E. R.（1968）The so called good hysteric. Int. J. Psycho-anal., 49 ; 256.

Ziegler. F. J., Imboden, J. B., Meyer, E.（1960）Contemporary conversion reactions : A clinical study. Am. J. Psychiat., 166 ; 901.

臨床業務としての評価

はじめに

　筆者は一介の病院臨床心理士に過ぎない。評価論の専門家でもなければ，精神科リハビリテーションを中心テーマとする研究者でもない。であるのに，なぜこの依頼原稿を引き受けたかというと，「評価が含まれない臨床実践」とは「私は大事な患者さんのことを何も考えないで援助しています」と言っている精神科スタッフとイコールである，と公言するくらい評価と臨床援助は同じ次元にあると筆者は認識しており，その要点を整理したいと考えたからである。ただし，普段，自分が臨床現場で行っていることしか論じられないので，たとえに偏りがあることはご容赦いただきたい。

I　評価とは

1. 評価と査定：評価のない実践はない

　リハビリテーションにおいて，評価（evaluation）と査定（assessment）という用語は厳密に区別されているわけではないだろう。しかし，大島(1999)は，評価方法に関する優れた著作のなかで，この二つの用語を次のように使い分けている。「ケースマネジメントの枠組みから，対象者の問題発見と達成可能な目標や標的を定めて，適切な援助方法を検討するためのアセスメン

ト assessment と，援助の達成度を明確にする効果評価 evaluation の二側面に分類できる」。いわゆる，「見立て」にあたるところをアセスメント（査定）と呼び，援助が達成できているかを見る「再評価」に当たる部分をエバリュエーション（評価）と呼んでおり，筆者自身の用語の使い方と一致する。

図1をご覧いただきたい。これは心理カウンセリングの流れについて説明したもので，やや長くなるが引用する。

「ある人物のカウンセリングが依頼される。インテーク面接をしながら情報を集める。心理アセスメントはイコール心理検査のことではない。心理臨床学の視点でそのクライエントの特徴を把握して援助計画につなげるという意味である。そして，筆者が担当してカウンセリングが進む（トリートメント）。順調に進んで終わる場合もあり，紆余曲折する場合もある。カウンセリングの目標をクライエントと立て直すような場合に，エバリュエーションが入る。エバリュエーションも心理検査の再検査という意味ではない。自分たちのやってきたことを再評価するという意味である。再評価から立て直してまたトリートメントが続くから，このエバリュエーションは再アセスメントを意味する（図1）。つまり，自分がそのクライエントのあり様を把握し，責任をもってカウンセリングし，行き詰まったり迷ったら，ちょっと立ち止まってよく考え直してみる，という日常臨床業務を，あえて言葉で括るとアセスメント・トリートメント・エバリュエーションとなる。この三つはつながっていて切り離せず，全部が『業務』である」。

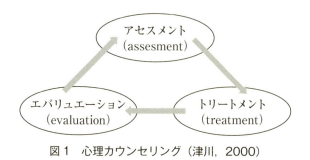

図1　心理カウンセリング（津川，2000）

臨床業務としての評価　67

　以上のように，本人の希望や環境も含めて対象者のあり様（特徴）を多角的に捉え，それを基に援助計画を話し合って実行していく援助プロセスそのものが「査定」であって「評価」であるという理解を筆者はしている。そのため，冒頭に述べたように「評価が含まれない臨床実践」とは「私は大事な患者さんのことを何も考えないで援助しています」と言っている精神科スタッフとイコールになってしまうのである。

　これは，診療科が何科であっても同じことではないだろうか。骨折にたとえると，どこの骨が折れているのかという評価がまったくないままに，骨折の手術を受けるということは考えられない。担当外科医に「どこの骨が折れていようとあなたの痛みはよくわかります」などと共感的に傾聴されながら術前評価（アセスメント）なしに手術台に横たわる自分を想像してほしい。その上，手術後に，レントゲン写真等も撮らず，つまり術後の再評価（エバリュエーション）なしに「とにかく一生懸命やりました」と外科医に言われても当惑してしまうだろう。精神科領域でも「あなたのこころの痛みはわかります」「援助者として一生懸命やりました」という姿勢だけではプロとしては通用するはずがないのに，目に見えない対象ゆえに通用してしまうような錯覚が生じるところが怖ろしいのである。

2. 評価尺度を使うこと≠評価

　「評価する」＝「評価尺度で点数を出す」とイメージする臨床家が多いように思う。しかし，評価尺度を使うことは評価や査定のほんの一部分に過ぎない。

　たとえば，エクスナー（Exner, J.E., 2000）は，「援助計画のための費用対効果分析（cost-benefit analysis for treatment planning）」において，心理的援助に携わるスタッフは少なくとも八つの観点を欠かしてはならないと強調している。その八つを筆者なりに要約すると表1（次ページ）になる。

　これは援助者側が「少なくとも」押さえるべき観点であるが，こういった多角的観点でもって援助計画を練り，実行し，再評価を繰り返していくこと

表 1　援助計画のための費用対効果分析

1. 症状または主訴
2. 個人のパーソナリティ等。特にプラスの資質とマイナス要因
3. 現在の症状が急性のものか慢性化しているものか
4. 治療もしくは変化への動機づけの強さ
5. 長期・短期の援助目標の優先順位
6. 援助目標ごとに利用できる援助方法は何か
7. 本人にとっての心理的および社会的コスト
8. 援助に要する金銭的負担

こそ評価であって，「評価尺度を八つ用いること」が評価ではないことが改めて認識できよう。

　表1で評価尺度を使うとすれば，たとえば，「1.　症状または主訴」や「2.　個人のパーソナリティ等」を捉える際に評価尺度を使うことになるだろうか。症状や主訴は，本人及び家族に聞けば多くのケースでわかることだが，「憂うつなんです」という主訴がわかったところで，どの程度に抑うつ的なのか（重症度）は明確にはならない。他の抑うつ症状の有無を全部聞いて ICD-10（1993）で重症度を「軽度」「中等症」「重症」に分けて把握するのも一つの評価であるし，たとえば SDS（ツァン［Zung］のうつ病自己評価尺度。詳細は，染矢，他（2001）を参照のこと）を用いて重症度を把握するのも評価であろう。SDS を用いると結果的に「評価尺度を用いた」ことになるだけである。重症度を推定する評価尺度は SDS に限らないので，その事例にはどの評価尺度を使うのがよりよいのか，という評価尺度の選択の問題だけがクローズアップされやすいが，そういった選択技能は臨床技能全体の一部分である。

　さて，精神科医にとって，どのような評価が必要なのかについては，評価の目的や臨床状況によって異なるが，米国精神医学会によるガイドラインによれば，表2のような内容が評価対象となっている。

臨床業務としての評価　69

表2　臨床的評価の領域（米国精神医学会，1995より筆者が抜粋）

A.　評価の理由（主訴を含む）
B.　現病歴
C.　精神科的な既往歴
D.　身体医学的な既往歴
E.　物質使用歴
F.　心理社会的背景と生活歴
G.　社会的経歴
H.　職歴
I.　家族歴
J.　システムの見直し（睡眠，食欲，自律神経症状，疼痛，不快感，
　　倦怠感，神経学的症状など全身のシステムを見直すという意味と
　　ハイリスクについてのチェック）
K.　身体的検査
L.　精神状態の検査
M.　機能評価
N.　診断的検査
O.　面接過程で得られる情報（特定の質問が対象者の躊躇や不快感を
　　引き起こすかどうか，患者が感情的ことがらについて伝達する能
　　力，防衛機制等々）

3．チーム援助：評価の視点が違うところがよい

　「評価」を極端に表すと，脳のCTを撮るのにたとえられるかもしれない。脳の輪切り写真を4枚撮るとして，同じ角度から4枚撮っても意味がないわけではないが，違う角度から4枚撮った方が多角的にその人の脳を捉えられる。それと「評価」も同じであって，同一の視点からよりも，違う複数の視点から見た方が，多角的に対象者を捉えられる。チーム援助のよい点はそこにある。医学的な視点（医師），看護から見た視点（看護者），福祉から見た視点（福祉の専門家），心理学的な視点（心理臨床家）等々，視点が違う部分こそが貴重である。各々の立場から評価することで，対象者援助も多角的になる。たとえば，表2は精神科医として求められている評価領域であるから，対象者の手取り月収や年収といった経済状態は項目としてないが，これ

が公的扶助の担当者（福祉の専門家）であれば，必須事項となるであろう。

　しかし，岡崎（2001）が述べているように，違った視点とは，「人間の精神生活というひとつのことを当座の目的に応じて異なった切り口で見ているに過ぎない」のであって，「病名や症状レベルのことを詳しく知らなくともケアマネジメントはできるという考え方は基本的には誤りである」のは言うまでもない。「自分が専門とする領域のアセスメントに精通したうえで，それを臨機応変に他の領域の言葉に（基本的なところだけでも）置き換えて考えるセンスが求められる」（以上 3 カ所の引用は，岡崎［2001］）のだが，これを筆者流に言えば，自分が専門とする領域のアセスメントに精通し，それを平たい日本語で対象者本人やスタッフにフィードバックできる技量をもつ臨床家になれるよう，努力していきたいと心している。

II　評価を実践にどう活かすか？

1. 評価は固定的なものではない：再評価の重要性

　特に，評価尺度を使って何らかの値や分類を把握すると，その値や分類が固定的・永続的なものであるかのように受け取られやすいが，これは誤った理解である。

　もっとも誤解されているであろう例を挙げると，知能検査の値がそれである。ある知的障害者の FIQ が 50 であると聞くと，それがまるで固定的・永続的なものかのように思ってしまうが，そうではない。実際，筆者は難治性てんかん者が脳外科手術を受ける前と後で知能検査値がどのように変化するのかを整理したことがあるが（1998），手術前と後で FIQ が 23 も上昇した男性がいた。いくら脳実質を手術したからといって，FIQ が 23 も上昇するということは通常考えられない。つまり，手術前の彼は病状が悪く，本来持っている彼の能力を発揮できない状態におり，手術によって病状が小康を得たために能力が発揮できるようになり，FIQ 値が大幅に上昇したのである。では，手術前の FIQ 値は嘘だったのか。そうではない。症状が落ち着かず

実力を発揮できないという状態に長いこと彼は置かれていたのであって，も
しも手術を受けなかったとしたら，手術前の FIQ 値が「日常の彼に発揮で
きる」値であったのである。このように，評価で得られた値というものは，
「その時にそうだった」値であって，固定的・永続的なものではないが，そ
の値を把握しておくことが援助に役立つものである。

逆に言えば，臨床現場では再評価が非常に重要である。丹野（1998）が「治
療法の仮説は，決して硬直的なものではなく，つねに効果が検討され，新た
な仮説に開かれていなければならない。そのためには，次のポストアセスメ
ントが必要である」と述べているとおりである。最初に評価し，少し経って
から再評価し，比較検討する。この繰り返しを大切にしたい。

2. 評価は関係性の上にある：客観性とその影響

リンゴを切断して，その断面をレーザー光線で調べるといった，ほぼ人間
関係の関与しない形での評価は，精神科臨床ではあり得ないし，可能になっ
たとしても援助者としては意味がない。精神科領域における「評価」は，常
に評価者と被評価者の関係性の上に成り立っている。どんなに緻密な評価尺
度を用いたとしても，関係性によって，その結果は変わってくる。

たとえれば，すごく権威的で横柄な医師の前で血圧を測定すると多くの患
者で血圧が上昇するようなものである。血圧であったら，誰もいない所で一
人で測定することができるし，その値には意味があるだろう。ところが，精
神科リハビリテーションの場合，誰もいない南海の孤島で評価用紙に記入し
てメールで送ってもらっても，その結果に意味は乏しい。なぜかというと，
南海の孤島から帰ってくれば，必ずそこには人間がいるのであって，人間関
係がまったくゼロの精神科リハビリテーションが想定できないからである。

このように精神科リハビリテーションにおける評価の客観性とは，リンゴ
を切断するような物理科学的客観性ではなく（津川，1994），人間関係を基
礎にした臨床科学的客観性といえるのではないだろうか。そして，それは物
理科学的な客観性より劣っているのではなく，むしろ人間という複雑な生命

体を理解する上で，正統的かつ科学的方法であると筆者は理解している。

　しかし，どんなに評価者が良心的な人物であったとしても，被評価者の立場は弱い。自分が腹痛で血液検査を受けたとしよう。何でもないハズと思いながらも，結果を聞く前は何となく落ち着かないことが多い。「もしも盲腸だったらどうしよう。入院になったら仕事を休まなきゃならない。担当している○○さんが退院前で落ち着かない時にどうしよう」などとあらぬ心配が頭をよぎる。結果を伝えてくれる医師がどんなに良心的であったとしても，評価される側の不安というのはぬぐえない。そもそも，「人が人を測ろうとするのは，ある意味で傲慢な行為である。それゆえ，心理検査を学ぶ人にもっとも必要な資質は，真摯さ・謙虚さといった人としての純粋性である」(津川，1998)。これは心理検査を学びたいと思っている初学者向けに書いた文章の一部であるが，「心理検査」という単語を「評価すること」に代えて読んでいただきたい。ここでいう「純粋性」をさらに具体的にいえば，自分の自己愛をよく知っているかどうかであろうか。援助者はどうしても対象者やその家族に，感謝されたり，持ち上げられたり，専門職として尊敬されたり，自己愛が肥大化しやすい傾向にある。プロとして自信があることと，自己愛的なことは，心理学的には大きく違うのだが，それがしばしば混同され，謙虚さの欠けた援助者を生み出す。頻回に自戒して余りある。

3. 評価はお互いの重要情報源である：フィードバックの重要性

　臨床現場で憂うることは，評価が対象者や家族にフィードバックされていないことが多い点である。精神科スタッフの中では共有されている情報でも，肝心の本人がまったく知らなかったりする。だいぶ以前のことなので時効と思うが，ある病院のデイケアで話す機会があり，その後，スタッフが付けている評価尺度を見せてもらえることになった。料理なら料理の場面で，対象者それぞれがどれくらい積極的に料理に関与していたかを5段階評価で毎回記録していた。各対象者のファイルを見ると，1年の変遷がよくわかる。次第に関与度が深まっている対象者もいて，援助効果が見て取れる。ところが，

聞くと本人には何も伝えていないというのである。何か臨床上の配慮があって伝えていないのではなく，フィードバックするという発想がないのに筆者は驚いてしまった。

自分が血液検査を受けたり尿検査を受けたとしたら，必ず結果は聞くであろう。評価も同じであって，原則として当事者に隠す必要性がない。無論，何でもかんでも伝えればいいわけではなく，フィードバックは臨床技量を非常に要する。評価尺度で得られた結果を本人および本人の許可した協力者にフィードバックする時間のことをフィードバック面接（feedback session）と呼んでいるが，何をどんなタイミングでどのように伝えるのかというフィードバック面接のあり方こそ，専門誌の特集になるような内容ではないだろうか。

4. 評価尺度の使い方：読み込みの必要性と妥当性

評価尺度は値や分類を出すだけでは援助に役立たせられない。その例を一つだけ挙げよう。ある総合病院の産婦人科で YG 性格検査というものを出産間近の妊婦ほぼ全員に施行しているのに出くわしたことがある。妊婦の人柄をよく把握して看護に役立たせようという医師と看護師の熱意の表れと聞いた。ところが，ケースカンファレンスに出てみると，ある妊婦についてこう報告されていた。「○○さんは×型で，特に非協調的と出ています。他患と喧嘩したり病棟生活が大丈夫かどうか注意が必要かもしれません」

これは間違いである。確かに対象者の Co 尺度（協調性−非協調性をみる尺度）は偏っており，非協調性が高値になっているが，Co 尺度で彼女がイェスと回答しているのは，「世の中の人は人のことなどかまわないと思う」「親友でもほんとうに信用することはできない」「人がみていないと大ていの人は怠けると思う」「人の親切には下心がありそうで不安である」「人は結局利欲のために働くのだと思う」等である。

これが意味するところは明白で，彼女に何があったのかは質問紙だけではわからないが，人を信じる気持ちが大幅に低下していて，対人不信感に満ち

ており，心理臨床学でいう基本的信頼感（basic trust）が脅かされている状態であって，結果として非協調的な態度になることはあり得るが，最初から他人と協調する姿勢が欠如している人物像とは違う。であるから，「○○さんは×型で，特に人を信じられない気持ちになっているようです。彼女が人を信じる気持ちを増せるような，暖かで穏やかな看護をしましょう」という報告であれば納得できた。

このように，評価尺度は採点するだけでは駄目であって，中味をよく読み込まなくてはならない。そして，その尺度が捉えているものは一体何なのかを臨床家として理解していく道のりが必要である。これは妥当性（validity）の問題である。評価尺度の開発者がどんなに頑張っても，実際に臨床現場でその尺度が何を拾っていて何は拾っていないかという妥当性を検証するのは臨床家にしかできない仕事である。たとえば，「うつ」を捉える評価尺度といっても，どんなうつをどの程度に捉えているのか，どんな症状は捉えられないのかといったことがわからなければ，その評価尺度を臨床現場で使いこなせない。

Ⅲ　今後に向けて

反評価論が吹き荒れた中心世代の後に筆者は位置する。それでも，反評価論は筆者の臨床人生初期に大きく影響した。評価尺度を用いているだけで悪女？のように言われたことは今でも鮮明に思い出す。精神科リハビリテーション領域の専門誌において「評価」に関する特集が組まれるとは感慨深い。しかし，世の中は揺り返しがくる。EBM（Evidence Based Medicine）が流行ると NBM（Narrative Based Medicine）が強調されるのも同じことであろう。臨床で本当に肝心なのは，いつもそれらのバランスであるのに。

最後に，精神科のスタッフには，どんな状態であっても精神障害者を一市民として遇する確固たる姿勢（人としての純粋性），その人の特徴を捉えてきめ細かな個別援助へ繋げられる臨床能力（評価者としての能力），口のき

き方を最低限はマスターしていること（面接技量），そして自分が体験した
ものを他の人に問い（リサーチ），体験を多くの人と分かち合い（教育），学
術として成熟しようとする姿勢（サイエンス）が必要と筆者は考えている。
加えて，一般市民に自分たちがやっていることをわかりやすく提示していく
姿勢なしに21世紀の精神科リハビリテーションは成立しないだろう。ただ
ただ「自分たちはよいことをやっているんだ」「一生懸命にやっているんだ」
「ユーザーは感謝してくれている」では，市民に応援されない。「臨床業務と
しての評価」は，一般市民に私たちがやっていることを理解してもらうとい
う意味でも重要な役割を担っている。現場の臨床家がデータを出さずして，
いったい誰が精神障害者が生活しやすくなるためのデータを出してくれるの
であろうか。

（精神障害とリハビリテーション5巻2号　2001年　41歳）

文　　献

American Psychiatric Association : Practice Guideline for Psychiatric Evaluation of
　　Adults. 1995.（岡崎伸郎，他責任訳（2000）『米国精神医学会治療ガイドライン：精神医
　　学的評価法』医学書院.）

Exner, J.E.（2000）「治療計画におけるロールシャッハの適用」包括システムによる日本ロー
　　ルシャッハ学会誌，4；2-20.

岡崎伸郎（2001）「精神障害のアセスメント手順に潜む隘路と陥穽」精神科臨床サービス，
　　1；174-181.

大島巌（1999）「精神障害の概念とその評価方法」松下正明給編『臨床精神医学講座第20
　　巻　精神科リハビリテーション・地域精神医療』pp.153-163, 中山書店.

染矢俊幸，坂戸薫（2001）「精神症状評価尺度」上里一郎編『心理アセスメントハンドブッ
　　ク第2版』pp.303-318，西村書店.

丹野義彦（1998）「臨床心理アセスメントの新しいスキーマ：分類論・実施手順論・バッテ
　　リ論」季刊精神科診断学，9（4）；447-455.

津川律子（1994）「心理臨床学研究の方法論について思うこと：〈つぶやき〉の大切さ」心
　　理臨床，7；165-173.（本書所収；89-105）

津川律子（1998）「難治性てんかんの脳外科手術前後におけるIQの比較研究」小林重雄，
　　他編『日本版 WAIR-R の理論と臨床：実践的利用のための詳しい解説』pp.214-222, 日

本文化科学社.

津川律子 (1998)「性格検査の使用にあたって」詫磨武俊, 他監修『性格心理学ハンドブック』pp.972-997, 福村出版.

津川律子 (2000)「総合病院精神科の心理臨床から」東京臨床心理士会編『医療保健福祉領域に於ける臨床心理士の課題 2』pp.18-23, 東京臨床心理士会.

World Health Organization (1992) The ICD-10 Classificaton of Mental and Behavioral Disorders : Clinical descripritons and diagnostic guidelines.. (融道男, 他編 (1993)『ICD-10 精神および行動の障害 : 臨床記述と診断ガイドライン』医学書院.)

電話相談におけるアセスメント
──声の文脈（context）を聴きとる──

はじめに

　こんなに困惑した依頼原稿は初めてである。電話相談の専門家ではないのに，電話相談に関する原稿依頼が来てしまったのである。当然のことながら，すぐにお断りの電話を入れた。ところが，依頼者の先生のお話では，電話相談の専門家ではない人間にわざと依頼したという。「大丈夫よ」とも言われた。大丈夫ではないのだが……。

　しばらくして出版社より依頼書類が送られてきた。メールで担当編集者に泣き落としを試みる。「私は電話相談の専門家ではありません。それに，電話相談におけるアセスメントなんて，まとめて書いている人を見たことがないです」。すぐに編集者からお返事がきた。「大丈夫ですよ」。またしても‼

　そこで開き直って，自分で得をすることにした。日頃，電話相談に関して疑問や不思議に感じていたことを書いてしまおう。そうすれば，読者の中にいるに違いない電話相談の専門家が個人的に回答を教えてくれるのではなかろうか？（ムシが良すぎる？）しかしそれ以外に，この不幸を乗り越える術はない。以下，筆者の奮戦ぶりをとくとご覧あれ。

I　アセスメントの意味

　アセスメント（assessment）は心理学でだけ使われる用語ではない。近接領域では社会福祉学でもよく使われている（大野ほか，1997；Milner J & O'Byrne, P. 1998）。しかし，①筆者が心理学を背景とする心理カウンセラーである，②電話相談の基本は心理的援助である，という2点をもってして，以下，心理アセスメントを中心として整理してみたい。

　「心理アセスメント」（psychological assessment）とは，「面接，心理テスト，行動観察等を用いて，クライエントの人格特性や発達水準，さまざまな社会的能力等クライエント自身に関するものから，クライエントを取りまく状況や家族力動，援助資源など外的環境に至るまでの情報を収集し，その分析を経て，クライエントの状態を理解し処遇方針を定めていくための方法と過程を指す」（裵岩，1997）というのが定義である。これを筆者流にごく簡単にいうなら，心理アセスメントとは，その対象のあり様の特徴を心理学的視点でもって多角的に把握して，援助につなげるという意味である（津川，2001a）。

　似たような用語に「評価（evaluation）」があるが，大島（1999）は，「アセスメント」と「評価」という用語の関係について次のようにまとめていてわかりやすい。「ケースマネジメントの枠組みから，対象者の問題発見と達成可能な目標や標的を定めて，適切な援助方法を検討するためのアセスメント assessment と，援助の達成度を明確にする効果評価 evaluation の二側面に分類できる」。つまり，いわゆる「見立て」に当たる部分を"アセスメント"と呼び，援助が有効であったかどうかを点検する部分を"評価"としている（津川，2001b）。この使い方は冒頭にふれた社会福祉学でも同様で（古川，2002），援助活動における一般的使い方と思われる。

　そして，アセスメントにせよ，評価にせよ，それらが「心理検査を施行すること」とか「評価用紙に記入してもらうこと」とイコールではない，とい

う当たり前のことを強調しておきたい（津川，2001a，2001b；田蔦，2003）。たとえば，福田（2002）は，このところ増加しているスクールカウンセラーに向けて「学校アセスメント」の実際を臨床実践に即してまとめているが，そのどこを読んでも心理検査など出てこない。当然のことである。その子ども・家族・教員を含むコミュニティ全体に対して，自分がスクールカウンセラーとしてどのように機能すればよいのかを把握しようとすることが，アセスメントだからである。心理検査や評価用紙は広義のアセスメントの方法論の一部分に過ぎない。

Ⅱ　心理アセスメントなしの電話相談は可能なのだろうか？

　このように整理すると，心理アセスメントなしに電話相談を受けることは可能なのだろうか？という素朴な疑問が生じる。傾聴することは可能である。しかし，たとえば，「緊急の相談のようだな」と相談員が判断すること一つとっても，筆者にとっては"アセスメント"なので，アセスメントが0％の電話相談員というのをイメージすることは難しい。これは相談員がボランティアであろうが専門家であろうが同じである。傾聴に徹して済む場合もあるだろうが，そうでない場合もあるはずである……。

　筆者の勝手な感触では，アセスメントに限らず，まず専門用語というものに対するアレルギーがあるのではないかと感じている。その上，"アセスメント"は，クライエントを勝手に○○パーソナリティなどと決めつけるだけといった悪しきイメージがあるのだろう。

　アセスメントだけでない。たとえば逆転移も同じである（ただし，ここでいう逆転移とは，「援助者がクライエントといるとき自分の中に沸き起こってくる感情」[津川，1999]といった広義の意味で使用している）。面接相談よりも電話相談の方が，視覚情報が入らない分，コーラー（電話のかけ手）に関するイメージが過剰になり，勝手な逆転移が誘発されやすいように体験している。相手のイメージが過剰に膨らんでしまうのである。あるとき，コー

ラーが何も言及しないのに，ふいにコーラーの後ろにある障子の破れまでイメージとして浮かんできてしまって自分でも驚いたことがある。特に，危機介入の電話相談はそうで，筆者にとっては阪神・淡路大震災（1995 年）の時に受けた緊急電話相談のうち，数ケースは今でも視覚イメージがはっきりと残っている。その視覚イメージの大半が，筆者の逆転移を含むファンタジーと過去記憶とテレビニュースの画像とが結びついたものであろう。こういった内的体験を相談員として内的に取り扱う努力なしに，電話相談は存在しえるのだろうか？

'逆転移'は専門用語で，しかも出身が精神分析用語である。「19 世紀の精神分析という考え方を，もう 21 世紀になろうとしているのにまだ大事にしようとしている人が多い」（Talmon, M. 2001）という批判はわかる。わかるが，踏襲せずとも学ぶことはある。何より，繰り返すようだが，コーラーのことを全く考えずにより良い心理的援助ができるとはどうしても思えない。

Ⅲ　傾聴 vs. アセスメント ??

アセスメントが嫌われる理由としてもう一つは，クライエントのことを「考えている」＝傾聴していない＝共感していない，という連想があるのではないかと感じている。

たとえば，見知らぬ教員からの突然の電話相談があったとする。「私が担任をしている子（小 6 女子）なんですが，何か気にくわないことがあると，教室の机や椅子をなぎ倒して，わめくんです。今日もそうだったんです。お母さんの話では家庭では問題ないってことなんですが，どうしたらよいでしょう⁉」〈これは先生も大変だわー〉〈こんな中で一生懸命やっている熱心な先生だなー〉といった共感的な気持ちは筆者の中で確実に流れ続けている。

その一方で，アセスメントは進んでいく。(その生徒さんって，成績はどうなんでしょうか？「それがですね，体育なんかの実技を除くと，成績はトッ

プクラスなんですよ。学年でも1番か2番です。勉強熱心なんですよ」(へー，特に出来が良いのは何ですか?)「暗記ものなら，何でも得意ですよ。年表なんかスラスラ言えます」(はあ，ところで変な質問ですが，そのお子さんって，触られるのは好きですか?)「あっ，そうなんです! それが全然ダメなんです。機嫌が良いときでも，ビクッって反応して，肩も触らせません。でも，私のこと嫌っているっていうんじゃなくて，どの教員に対してもそうなんです」。……以下，やりとりが続いていく。

　これは筆者が発達障害の存在を疑ってアセスメントしている最中なのであるが，字面だけみると，たしかに筆者の質問だらけで傾聴していないように映る。実際，この間の傾聴はゼロなのであろうか? ゼロではないにせよ傾聴の割合は格段に減っているのだろうか? おそらく，こういった疑惑が，アセスメントをする＝傾聴していない＝良くない，という前述のような反発感になってくるのではなかろうか。

　しかし，実際の心理相談は，字面とは異なり，コーラーの気持ちに寄り添いながら，お互いの「関わり」の中で進んでいく。質問をしている＝傾聴ゼロは極論なはずである。ハンブリー（Hambly, G.C., 1996）は，電話カウンセリングにおける"質問"が多岐にわたり，「通話者に新しい可能性を見いださせる創造力に富んだもの」も存在すると指摘している。反面，歪んだ質問が存在するのも事実だが，それは各相談員の実力に関係しており，充分に訓練を積んだ相談員であれば，質問をしていても，考えていても，体験過程（experiencing）は存在しているという実感をもつ。しかし，どう存在するのか，そもそも実の傾聴とはどういった状態を指すのかといった詳細な考察が必要であり，臨床心理学であれ電話相談心理学（長谷川，1992）であれ，解明課題の一つであろう。

　この課題に取り組む努力をしないと，傾聴とアセスメントの関係だけでなく，電話相談で精神内界が整理されて「コーラーの声の調子や雰囲気が変わる」（卯月ほか，2001）過程そのものが解明されないことになってしまう。田中（1999）も電話相談に関して「共感的に傾聴しておれば効果がある（役

立っている）のは当然という前提に立っているが，この信念ともいうべき前提が正しいかどうかを確かめていない」と指摘している。

筆者のイメージでは，傾聴とアセスメントが丁度，より糸のように螺旋を描いて進むイメージが頭をよぎる。コーラーの発言の表面だけをなぞって，ただハイハイ言っているのではなく，かといって聴いてカタルシス効果がコーラーに起こることだけを望んでいるのでもなく，声の文脈（context）を聴きとろうとしているイメージである。"context"（文脈）という用語が「織り（text）合わせる（con）」という語源からくるのは，日々の相談業務と相通じる。自分の身体ぜんぶが耳になって聴き取ることに集中している瞬間もあるし，体験過程を基に感じ考えているのが前景にたつときもある。前景に出ているのが‘考えていること’＝アセスメントであったとしても，より糸のように傾聴が絡み合って進んでいるイメージである。

ローゼンフィールド（Rosenfield. M., 1997）は「査定（アセスメント）技法は電話カウンセリングにとって非常に重要である。ことに1回限りの電話や短期カウンセリングにあたっては最重要技法といえるかもしれない」と指摘しており，東山 2003）も同様の指摘をしている。

Ⅳ　電話相談におけるアセスメントのトリアージ

トリアージ（triage）とは，もともと仏語で「選別・仕分け・分類」を意味し，医療現場では「治療優先順位の選別」を意味する用語である。災害などで，大量の傷病者が病院に運ばれてきたような場合，人命第一の観点からどの患者を優先的に処置するかを医療者が判断する，といった場面が身体医療現場では中心的なイメージだが，最近ではメンタルヘルス分野でも盛んに使用されている用語である。電話相談におけるアセスメントを考えると，まずこのトリアージ（対処優先性の判断）が相談員に要請されていると思う。

1. 緊急性（危機場面なのかどうか）

【事例】 あるとき，落ち着いた声の初老の女性から電話があった。夫との関係で悩んでいるという。心理カウンセリングの申し込みが終わると，彼女は，ごくさりげなくこう言った。「毎朝，新聞を読まれますか？」（はい??）「今日の朝刊を見たら，芸能人の○○さんが亡くなったって記事がありましたね」

　これは緊急事態である。筆者がその芸能人のファンだとかいう話ではない。その女性の心理的危機である。本人がどこまで意識していようと，いまいと，偶然に自殺した芸能人の話をカウンセラーに言うわけがない。次の面接との間に時間はなかったが，筆者は次のように伝えた。「その記事は読みました。飛び降り自殺をなさった方ですね。○○さんもその気持ちがわかるんですね？」案の定，女性は静かに泣き出した。「いま，ご自宅ですね？　今日は，まだカウンセリングのキャンセルが出ないので空きがないのですが，出るかもしれませんし，出なくても，必ず隙間にお会いしたいので，いまから身支度して，こちらに来ていただきたいのですが」。

　長谷川（1992）も「危機介入，危機援助の活動において電話相談の果たし得る役割は大きい」と述べているが，電話相談における危機場面とは，具体的には，自殺念慮，自殺行動（自殺手段の準備を含む），他害衝動，事件，事故，自然災害，急病，ケガ，暴力，虐待，情報パニック（電子メールによる無作為脅迫文など），急性不安状態等々，かなりの広範囲に及ぶ。これらの緊急性を判断するとき，コーラーの言葉や発言から明らかにわかる場合もあるが，上記のように一見，全く平静に聞こえても，そうでない場合もある。声の表面だけを聞いていては，"アセスメント"できない。言葉の「喉元の皮一枚の感情」（村瀬，1999）を捉えるのである。

2. 広義の医療の必要性

【事例】 午後3時に昼食のおにぎりを食べようとしていたら，勤務先の電話が鳴った。「突然お電話しますが，津川さんでいらっしゃいますか？」（はい，

私ですが）「私，××さん（心理カウンセラー）の友人で，○○と言います。××さんからこの番号を教えていただいて。いま大丈夫でしょうか?」おにぎりを食べたいが，プロとしての意地と，××さんは年上のカウンセラーなので社会儀礼意識が出る。（10分以内くらいでしたら大丈夫です）

　話を聴くと，彼女はOLだが，ここ半年ほど，記憶が曖昧なときが時々あるという。特に，疲れているときや，折り合いの悪い上司と長時間接したときなど，自分がその間，何をしていたのかわからないような，ボーっとしていたのかもしれないが，歩いている最中もそんな状態になるという。

　こういう話を「傾聴」だけしていても，援助になるのだろうが，気持ちとして寄り添いながら，筆者のアセスメントは進んでいく。解離症状かもしれないが，その前にてんかん（epilepsia）の可能性がある。手短に解説をして，脳波検査が受けられる専門医に一度，診てもらい，それで何もなかったら，自分が担当するか，条件の合う心理カウンセラーを紹介できると説明した。

　このケースは，約2週間後，筆者の紹介した専門医から連絡があり，彼女はてんかんの確定診断がついた。幸い，薬物療法が著効し，以後，主訴は現れなかった。傾聴の意味を軽視しているのではない。結果として，傾聴＋アセスメント＋社会資源の確保（ネットワーク作り）＋プロ根性（おにぎりを我慢）＝コーラーの主訴の解消へと導かれたと思う。

　西来（1994）が「私の電話相談で一番多いのは医師に対する不満です」と明快に述べているように，電話相談の場合，すでに医療にかかっている（もしくは最近かかったことのある）コーラーからの相談が多い。筆者自身，長く病院に勤務しているが，どれだけ一般市民が医療に不満をもち，我慢して受診しているのかは，かえって医療の中にいたのではわからないと感じている。それが民間の電話相談員として電話に出ると，驚くべき不満・不安の数々に遭遇する。それゆえ，医療の必要性は電話相談員には意識されにくいのかもしれない。なにせ，多くのコーラーが受診中もしくは受診歴があるのだから。しかし，上記のような場合，いかに傾聴したとしても，主訴は解決され

ない。ただし，医療にかかればよいとか，それで終わりと言っている訳ではないことはご理解いただきたい。

3. コーディネーション

　トリアージの3点目として，コーディネーションを考える。コーディネーション（coordination）とは「複数の援助資源をつなぐことで援助環境を整える活動をさす」（津川，2002）。たとえば，電話相談で「よい医師を紹介して下さい」というのがコーラーの主訴だったとしても，ただどこかの医療機関にリファー（紹介）すればよいという訳ではない。むしろ，現在の不満や不安を充分に傾聴することの方が大事な場合が往々にしてある。対面よりも電話相談の方がリファーは難しい。卯月（2003）も「早急な情報提供や助言に偏重しないこと」と述べているし，「ちょうど良い時期に紹介するということも大切」（東京臨床心理士会，2003）であるが，'ちょうど良い'感覚を養うには修練が必要であろう。

　また，こういったリファー機能だけでなく，普段から自分たちとは別の組織と提携するというのもコーディネーションである。ネットワーク作りと重複する概念であり，重要な内容だが，トリアージという主題からは逸れるので，誌面の関係で割愛したい。

　以上のように，トリアージを無視しないような訓練を続けることが，電話相談におけるアセスメントの一つの軸のように感じている。

V　コミュニティにおける電話相談の未来

　高塚（2003）は，「今後は，いろいろな電話相談の役割を差別化して社会にアピールすることが必要である」と指摘している。一方，卯月（2003）は「対象とする年代や問題を特化していく専門化の流れを安易に推し進めることには慎重でありたい」と述べている。一見矛盾するようだが，そうではな

い。卯月（2003）が強調しているのは，電話相談が「総合的な相談窓口として，適切な援助を求める次のアクションまでの“つなぎ”や“振り分け”という機能を担っている」という点である。

　高塚（2003）や卯月（2003）の提言に，筆者の願いを重ねると，以下のような期待が浮き彫りになってくる。

　まずは，子育てに関する電話相談であるとか，ひきこもりに関する電話相談といったように，受ける「対象」についてアピールすることよりも，「誰が相談を受けているのか」という相談員の特徴について明確に情報提供していくことが大事であろう。実際，コーラーからすると，「子育て相談」といっても，保育士が相談にのってくれるのか，会計士なのかでは，電話しようとする内容に大きな違いが生じる。

　そして，ある特定の専門職だけで電話相談を受けるのもよいだろうが，専門を異にする相談員がいると電話相談は機能を増すのではないだろうか。日本臨床心理士会で全国一斉に無料電話相談を行ったとき，当日責任者としての筆者の思いは「弁護士が1名でも一緒にいてくれれば，どんなにもっと機能的になれただろう」というものである。

　となると，基本的に，電話相談に出るのは傾聴訓練を受けたコミュニティのボランティアにお願いし，その背後で複数の専門家が待機していて，コーラーのニードに応じて電話を代わるというシステムが理想的であろう（あの有名な「全国こども電話相談室」のパクリ？）。

　もっと現実的なのは，傾聴訓練を受けたコミュニティ・ボランティアが，専門的な援助が必要と感じた場合（アセスメントした場合）に，信頼できる専門の電話相談もしくは相談機関をリファーすることであろう。これはすでに行われているのだが，さらなる連携が急務である。必要とされる専門家は多岐にわたるだろうが，少なくとも，民事に強い弁護士，社会福祉士など社会資源の専門家，公認会計士・税理士など税務処理の専門家，労務の専門家，経験豊かな看護師もしくは保健師，子育て相談のスペシャリスト，危機介入に強い臨床心理士などは要るだろう。

森田（2000）は，ボランティアによる電話相談という立場から次のように述べている。「『素人が何をやっているのか』といった，何か，私たちのやっている電話相談活動をいかにも軽く見た響きがあり，私は反発を感じてしまう。（中略）しかし私たちは，『電話をかけてきた人に対して，一人の人間として何らかの形で役にたつ電話相談の専門家』を目指して活躍しているのである」。正直な文章と感じる。

ボランティアを馬鹿にするような謙虚さのない人間は，援助活動以前に人間性に問題があるし，もしそれが"心の専門家"だとすれば，本人が気づかない間に堕落したか（斎藤・村瀬，2003），もともと堕落しているかであろう。

そういった個人的資質とは別に，専門職であれ，ボランティアであれ，どのような団体であっても，一生懸命にやればやるほど自負心や縄張り意識がどうしても生じてくる。それらを消せなくても，せめて乗り越えて連携し合わなければ，21世紀のコミュニティは人々に幸せをもたらさない。連携を具現化していく行動の一環として，このような電話相談の形態が，先行している電話相談団体などによって強化され，コミュニティ機能が厚くなることを期待している。

（『電話相談の考え方とその実践』金剛出版　2005年　45歳）

文　　献

福田憲明（2002）「学校アセスメント」村山正治，鵜養美昭編『実践！　スクールカウンセリング』金剛出版，pp.49-62.

古川孝順（2002）「社会福祉運営の原理と構造」新版・社会福祉学習双書編集委員会編『新版・社会福祉学習双書第1巻―社会福祉概論』社会福祉法人全国社会福祉協議会発行，pp.53-86.

Hambly, G.C.（1996）New Telephone Couselling.（西垣二一訳（1997）『新・電話カウンセリング―他者への配慮のために』一麦出版.）

長谷川浩一（1992）「電話相談のなすべきこと，できること―電話相談心理学の提言」電話相談学研究，4；1-10.

東山弘子（2003）「電話相談員の養成」臨床心理学，3-4；562-567.

裳岩秀章（1997）「心理査定，心理診断とは何か」平木典子，裳岩秀章編『カウンセリン

グの基礎—臨床心理学を学ぶ』北樹出版，pp.96-99.

Milner, J. & O'Byrne P (1998) Assesment in Social Work.（杉本俊夫，津田耕一監訳（2001）『ソーシャルワーク・アセスメント』ミネルヴァ書房.）

森田琢美（2000）「ボランティアによる電話相談」電話相談学研究，11-2；56-58.

村瀬嘉代子（1999）「心理療法と支持」こころの科学，83；10-15.

西来武治（1994）『電話カウンセリング』41章．探求社.

大野勇夫，川上昌子，高橋玖美子（1997）『社会福祉のアセスメント—ケアプランを作成する前に』中央法規出版.

大島巌（1999）「精神障害の概念とその評価方法」松下正明総編集『臨床精神医学講座第20巻—精神科リハビリテーション・地域精神医療』中山書店，pp.153-163.

Rosenfield, M.（1997）Counseling by Telephone.（斎藤友紀雄，川島めぐみ訳（1999）『電話カウンセリング』）

斎藤友紀雄，村瀬嘉代子，津川律子（2003）「座談会「いのちの電話」」臨床心理学，3-2；261-269.

田蔦誠一（2003）「心理援助と心理アセスメントの基本的視点」臨床心理学，3-4；506-517.

高塚雄介（2003）「電話相談の可能性」臨床心理学，3-3；403-408.

Talmon, M.（2001）「電話相談—21世紀への動向」電話相談学研究，12-1；1-8.

田中富士夫（1999）「電話相談研究の動向と展望—「電話相談は役に立っているか」という疑問から」電話相談学研究，10-2；1-6.

東京臨床心理士会（2003）「臨床心理士による子育て応援—東京臨床心理士会「こども相談室」の試み」東京臨床心理士会.

津川律子（1999）「分裂病質人格障害の青年との精神療法」福島章，町沢静夫編『人格障害の精神療法』金剛出版，pp.141-159（本書所収；107-121）.

津川律子（2001a）「心理検査」平木典子，袰岩秀章編『カウンセリングの技法—臨床の知を身につける』北樹出版，pp.82-88.

津川律子（2001b）「臨床業務としての評価」精神障害とリハビリテーション，5-2；12-17（本書所収；65-76）.

津川律子（2002）「医療・保健領域における活動モデル」下山晴彦，丹野義彦編『講座臨床心理学6　社会臨床心理学』東京大学出版会，pp.147-173.

卯月研次，佐保紀子，片岡玲子，平野玲子，奥村茉莉子，津川律子，徳丸享，福田憲明，村瀬嘉代子，公文佳枝（2001）「社会との接点における有効な相談活動のあり方を探る—臨床心理士による電話相談を通じて」安田生命社会事業団研究助成論文集，第37号；123-129.

卯月研次（2003）「ライフサイクルと電話相談」臨床心理学，3-5；730-735.

心理臨床学研究の方法論について思うこと
──〈つぶやき〉の大切さ──

I 守秘義務と事例研究

　クライエントと臨床家の相互作用によって事が展開していく心理療法において，それを他者に伝えるという作業自体がとても難しい。二人の間では確かな実感として起こったことなのに，それを文章にすると，何となくわざとらしかったり，逆に物足りなかったりするし，もしそれが本当に起こったことなのか証明しろと問われたら，返答のしようもない。

　そもそも，クライエントと自分の生きた時間を「事例研究」という形で公表し半永久的に残すことに対して，臨床家として心理的な抵抗を強く感じるのは私だけだろうか。相手に許可をとって書いている場合でも，クライエントの立場は弱いものだし，出来上がった文章は二人の合作ではなく，臨床家側の一方的な陳述に終始することになる。守秘義務をまっとうするために，どんなに細部に工夫して報告しても，肝心の部分でクライエントの発言を勝手に変えられないので，心配しつつ書き残すことになる。

　それ故か，研究発表の嫌いな臨床家も意外に多いらしい。東京臨床心理士会設立大会（1993年1月15日）の「情報公開とクライエントへの記録開示に於ける諸問題」というテーマの研修会に参加した折にも，クライエントの話した内容を研究と称して紙面に残すなんて臨床家の風上にも置けない，という意味の発言がフロアーからあったと記憶している。

クライエントの秘密を守る必要性と，自分が経験した思いを他の臨床家に問い，その経験を別のクライエントに役立たせる必要性の間で，悩まない臨床家がいるとは思えない。この板ばさみで悩み苦しむのは臨床家の宿命のようなものだろう。

　秘密を守るための極端な形を想像すると，一字も記録せず，誰にも相談せず，もちろんスーパーヴィジョンも受けず，ひたすら二人だけの時間を過ごすという自閉的な場合がある。秘密が守れることは請け合いだが，相談の受け手として困った時にどうするのだろうか。一人よがりの心理療法になってしまわないだろうか。それに，得られた貴重な経験が誰にも伝達されることなく，臨床家の死と共に消えてしまう。

　反対に，研究のためと称して，何でも公表してしまうという場合も想定できる。実際の話，医学関連の研修会であると，名前や住所など個人を特定するデータ以外の情報は，あまり躊躇なく発表されているだろう。もし，私の主治医が私の胸部レントゲン写真を無許可で論文に掲載しているのを偶然に見つけたとしても，私は怒らないだろうと思う。むしろ，自分のレントゲン写真が医学の進歩・発展に寄与したと感じ，少しは世の中の役に立ててよかったと思うかもしれない。

　ところが，これがレントゲン写真でなく，私が教育分析で喋った内容がそのまま雑誌に掲載されているのを見つけたら，たとえそれが専門誌であって一般の人が読まないものであっても，ひどくショックを受けるだろう。ほとんど他人には話さないような親子関係とか性的体験とかが，そのまま活字になっているのを見たら，恥ずかしくてたまらないだろうと思う。これは，レントゲン写真が普段の生活と直接関係しない限定された医学情報を伝達するのに対して，教育分析の内容が生々しい個人感情や私的秘密と直結していることに関係している。ここに臨床心理学における守秘義務と事例研究の兼ね合いの難しさがある。

Ⅱ　研究の方法論

　以上のようなことを日々考えていたら，事例研究を書くこと自体が面倒に
なって断念してしまう真面目な臨床家もいるのではないだろうか。私などは，
自分で書かないで，クライエントが事例報告を書いてくれて，それが他の面
接に役立つならば，どんなに良いだろうという夢が捨てきれず，面接の始ま
りに「カウンセリングの記録をつけてもいいですか？」と聞いてくるクライ
エントに，「どうぞどうぞ，私の批判や反論も含めて何でも自由に書いて下
さい」と喜んで勧めている。記録をつけたクライエントは，その記録を見せ
てくれることが多いが，どういうわけか，面接が盛り上がって佳境に入るに
つれ，話した内容についての詳細な文章がむしろ少なくなったり，面接が終
了してもいいと二人とも思う時期には，記録が中断してしまったり，まるで
普通の日記風になってしまうようである。自分が整理できていない問題を抱
えて苦しんでいる状態の方が，何かに表現したいというエネルギーにつなが
るのだろうか。もしくは，相当の文才がないと，文章では面接の臨場感を伝
えきれないためであろうか。

　クライエントに事例報告を書いてもらいたいなどという怠惰な気持ちは，
他の臨床家は持たないのだろうと思っていたら，河合（1986）の次のような
話を読んで気が楽になった。「そこまでかかわった事例を発表するというこ
とで，すごくジレンマを感じておられる方が多いと思います。ここまで深く
かかわったのだから，自分とその人だけの世界でいいのであって，他人に言
う必要はない。あるいは他人にしゃべることは一種の冒瀆ではないかと感じ
られる方もあると思います。私自身，ここに非常にジレンマを感じており，今，
私のクライエントの人たちが事例研究を書いてくれないかとものすごく希望
しています。彼らも書く義務と資格を持っていると思っているんです。それ
で私はもう書く気がしませんので，私のクライエントの人たちが書いてくれ
たらいいと思うんです」。

河合のようなベテラン臨床家でもこのジレンマをもち続けている事実は，事例研究を書く時の許可の取り方は？といったノウハウをみんなで伝授し合うことだけでなく，大げさにいえば，臨床心理学研究とは何なのかという同一性にかかわる問題を提起しているように思えてならない。たとえば，心理療法の中で人はいかに変化するのか，という一つをとっても，これを少しでも解明し英知や経験を伝達するために，どのような事例研究のあり方をすればよいのだろうか，といった基本的な課題が考えられる。この課題は，詰まるところ臨床心理学の研究の方法論を考察していく必要性に行き着くのかもしれない。この課題は今になって生じてきた問題ではないのだろうが，戦後，臨床心理学が普及するようになった現在，一層大切なテーマとなっているだろう。これは日本に限った課題ではないらしく，アメリカでも，"Journal of Consulting and Clinical Psychology" で，'Single-Case Research in Psychotherapy'（1993）という特集が組まれており，同様に方法論の大切さが強調されている。

III　臨床心理学と心理臨床学

　方法論について考える前に，大塚（1985），による「心理臨床学」という名称の提言に触れておきたい。これは，「既存の医学モデルによる臨床心理学（医学への応用としての心理学）から脱し，臨床の学としての新しい臨床心理学的パラダイムの構築を目ざした科学という意味」（藤原，1992）である。少し長くなるが，肝心の箇所なので大塚（1985）の説明を引用しておきたい。
　「〈臨床〉は，今や医学における占有概念としてではなく，なま身の人間にかかわる，あらゆる科学の構造と機能に関する概念として用いられるようになったのである。いわば，このなま身の人間にかかわる，さまざまな科学を総称して，これを「人間の学」ないし「人間科学」というならば，それは本来的に「臨床学」として，はじめて成立し得るものといえるのではなかろうか。つまり「臨床学」とは，人が人にどう関与するか（participation の問題），

そしてどう人が変化するのか（transformation の問題）に関する法則性と原理，およびその応用をはかろうとする科学であるといえよう。「心理臨床学」は当然，心理学の立場より臨床の学を構築しようとするものである。おそらく心理臨床学の独自性とは，この臨床学に固有に内在する〈participation〉と〈transformation〉を鍵概念として，これを心理学的にどう把握し，どう展開するかに，その中心があるといってもよいであろう」。

　心理臨床学も臨床心理学も英訳は「clinical psychology」と同じなので，名称にこだわるのはどうかという考えもあろうが，関与と変化に重点をおく大塚の主旨に賛成して，以下，本論では臨床心理学に代えて心理臨床学という名称で記載することにしたい。大塚の上述の文章は，心理臨床学の研究対象を明確にしている。しかし，いかに研究するのかという方法論についてはあまり触れられていない。

　方法論に関して，上里（1992）は，「心理臨床の方法論や記載のルールを早く確立しなければ，研究成果の普遍性や業績の積み重ねができないという状態がつづくことになりかねない。これは，本学会が総力を挙げて取り組む必要がある問題の一つであろう」と述べている。また，藤原（1992）は，「臨床心理学の方法論について，それを心理臨床学の問題として述べてきた。この課題は予想どおり難しく，可能性と必要性に満ちていることは明確化されたが，現段階ではなお混沌とした状況にあると痛感された」としている。いずれも，重要な問題提起をしているが，具体的方法論には触れられていない。

　私の知る限りで，心理臨床学の研究方法について独自の言葉で提言しているのは，河合（1992）である。彼は「物語る」という方法を提唱し，次のように述べている。「（心理療法を）人間の『科学』として主張するためには，事象を記載し，そこに何らかの『法則』を見いだすことが望ましい。ただ，その際に，その事象に観察者の主観が組みこまれている，という困難な事情がある。このような主体の関与を前提とするとき，『物語る』ということが，もっとも適切な表現手段になると思われる。『はなす』に対して『かたる』を考えてみると，後者の場合の方が何らかの『筋』をもっている。その『筋』

はそれを『かたる』人が構成したものであり，いうなれば何らかの『理論』をそこに潜在させているのである。このように言うと，いかにも恣意的な感じを与えるかもしれないが，そのような『物語』がどれほどの人々にどのように受けいれられるか，ということによって評価されてゆくのである」。

つまり，心理療法を記述するとき，それを客観的事象として単に「はなす」のではなく，主体的に構成された「筋」を介して「かたる」ことが重要であるとしている。この「物語る」方法は，河合（1992）の着眼であるが，実際どのように物語ったらよいのかについては，まだ十分には述べられていない。

このように方法論の必要性は認識されているものの，実際にどうしたらよいのかは，なかなか提案されていないのが現状かもしれない。特に，心理臨床学の特徴ともいえる事例研究は，上里（1992）の指摘のとおり，記載のルール一つとっても確立されていない。

Ⅳ　事例報告と事例研究

では，事例研究とは何かという問題になると，これも難題だが，事例報告と事例研究はどう違うのかに関して，鑪と名島（1991）は次のように述べている。「事例研究が事例報告と違うところは，単にまとまった事例の時間経過的な報告ではなく，事例報告を通して何かの新しい発見，新しい発見の確認，理論の展開といったことを内包しているかどうかである」。

これは河合のいう，単なる「はなし」と筋をもった「かたり」の区別に類似しているが，「originality があれば事例研究になる」といっても，何をもって originality とするのかが一大問題であり，具体的な区別の指針としては，まだ不十分であろう。

筆者ら（1993）が「心理臨床学研究」誌の 1983 年〜 1992 年の投稿論文について調べた際に，うつ病の研究が少ないのが意外であった。これについては，うつ病という過去に膨大な知見が蓄積されている疾患を対象にして，新たに originality を見つけ出すのは大変な故に研究が少ない，という考え方も

できよう。しかし，うつ病という一つの疾患名で考えず，個々のクライエントに注目するならば，うつ病者といっても驚くほど千差万別である。そして，面接のやり方も決して「励まさないこと」という教科書的な指針だけでは済まない。うつ病というのは医学的なレッテルであって，むしろ「うつ病」というレッテルに隠された個人は個性に満ちた唯一の存在である。ここに焦点を当てるならば，事例研究を発表する価値が生まれてこよう。

V　事例研究の記載のあり様

　事例研究の記載のあり様を見ると，本当に十人十色であって，逐語記録的な論文もあれば，クライエントの発言がほとんど載っていない論文もある。記載の基準も皆目ないので，初めて自分で事例研究を書いた際は，何をどう書いたらよいのか戸惑いが強かった。
　ここは一つ事例で考えてみよう。以下は，23歳の転換症状をもった女性（Dさん）と私のやり取りである。

Dさん「先生，頭の中が大砲のように鳴っていて，痛くて痛くて耐えられないんです」
私「頭の中が大砲のように鳴っていて，痛くて痛くて耐えられないんですね」
Dさん「ええ，そうなんです。先生，もうわたし耐えられません」
私「痛くてもう耐えられない，そういう感じなんですね」

　このように逐語調に記載してゆけば二人の間のやり取りに嘘はない。一言一言が正確である。しかし，言葉は正確かもしれないが，二人の間に流れている雰囲気や感情は記載されていない。この点は安永（1986）も同様の指摘をしている。では，同じやり取りを次のように記述したらどうなるだろうか。

　「先生，頭の中が大砲のように鳴っていて，痛くて痛くて耐えられないん

です」と，明るく笑いながらDさんは話し出した。「頭の中が大砲のように鳴っていて，痛くて痛くて耐えられないんですね」と，私は共感しようと返した。「ええ，そうなんです。先生，もうわたし耐えられません」と，ニヤニヤした深刻味のない表情で彼女は言った。「痛くてもう耐えられない，そういう感じなんですね」と，私はDさんの痛みを感じ取ろうと繰り返した。

　「明るく笑いながら」とか「ニヤニヤした深刻味のない表情で」といった私の観察を入れただけで雰囲気が伝わりやすくなるし，「共感しようと」や「痛みを感じ取ろうと」というような私の面接態度を入れると二人の間の食い違いが少し読者に伝わる感じがある。さらに，次のように記述したら，どうなるだろうか。

　「先生，頭の中が大砲のように鳴っていて，痛くて痛くて耐えられないんです」と，明るく笑いながらDさんは話し出した。「頭の中が大砲のように鳴っていて，痛くて痛くて耐えられないんですね」と，共感しようとした私は言ったが，何か変だなと心の中でつぶやいていた。「ええ，そうなんです。先生，もうわたし耐えられません」と，ニヤニヤした深刻味のない表情で彼女は言った。

　彼女の深刻味のない表情と深刻な訴えのギャップに私は戸惑いを強く感じた。「痛くてもう耐えられない，そういう感じなんですね」と，私はDさんの痛みを感じ取ろうと繰り返したが，こういった発言はむなしい感じがして，その次にこう言った。「頭の中が大砲のように鳴っていて痛くて耐えられない位なのに，明るい表情で明るく話して下さって，何かギャップを感じてしまうんだけども」。彼女はワッと泣きだして，「先生は鋭いところを突きましたね……苦しくても明るく振舞っているのが，わたしのいけないところだとわかってはいるんですが，苦しいと親に言ったとしても，誰もわかってくれないですし……」。

以上の３パターンを整理すると，最初は対話のみである。次は対話＋雰囲気（客観的様子）の記載があり，最後は対話＋雰囲気（客観的様子）の記載＋臨床家の印象の記載で構成されている。最後の「何か変だなと心の中でつぶやいていた」,「彼女の深刻味のない表情と深刻な訴えのギャップに私は戸惑いを強く感じた」,「こういった介入はむなしい感じがして」という３カ所は私の抱いた印象である。「印象」であって確証はないから記載しなかったとしたら，読者は最後の介入の意味もわからなければ，なぜクライエントが泣きだしたのかもわからないだろう。これが適切な例かどうか自信はないが，要するに，私の抱く「主観」について何の記載もなければ，事例研究たり得ないのではないかと考えることもできよう。

臨床においては，主観的になればなるほど，その事例の本当のあり様に近づき，逆に客観性をもってくるという逆説があり，この点は早坂（1983）も論じている。彼はクライエントを主観的に捉えてはいけないといった固定観念について四つの臨床事例を通して解説し，「客観的認識と主観的認識とは正反対でもなければ相容れないものでもない」と指摘している。

また，氏原（1974）も「カウンセリングの実践は本来個人的なものである。そして，それが個人的になればなるほど逆に一般性をもちうるのではないか」と論述している。佐治も「カウンセリングにおけるコミュニケーションの適切さ」（臨床心理士会関東地区研修会，1993 年 2 月 6 日）という講演で，「個人的具体的なカウンセラーの受け取り方があるとき，その問題は，クライエントにとってより広く深い巾をもってクライエント自身の中に定着するものだ」という意味の陳述をしていた[注1]。

VI 主観や逆転移の記載

「主観的なのは良くない」という固定観念から離れて，事例に対して主観

注1) この講演会は紙面化されていないので，発言を本論に引用することについて，佐治本人に許可を得た（口頭，1994）。

的になるとき，そこには「関与しながらの観察」（participant observation）
という有名な態度が期待される。関与しながらの観察のためには，クライエ
ントに巻き込まれ苦労している臨床家が，自分の主観なり逆転移なりを意識
化する必要性にたどりつく。この意識化の必要性は，日々の臨床場面におい
てだけでなく，事例研究においても必要となってくるのではないだろうか。

　しかし，自分の「逆転移」を紙面に残せと言われると，大変に勇気がいる。
「精神療法」誌で逆転移の特集を公募した際に，「応募された論文は通常の公
募に比較してきわめて少なく，その中で採用できる論文はさらに少なかった」
（福島，1993）というのも無理はない。「このクライエントの母親像と筆者の
母親像が酷似しているため〜」などと毎回書いていたら身がもたない。けれ
ども，自分が臨床家として抱いた主観に関して全く触れないで事例を報告す
ると，何か大切なものが抜け落ちてしまう。では，どうしたら良いのだろう
か。この難題に答えを出すために，個々の臨床家はそれぞれ工夫をしている
だろう。私は心理臨床学の方法論として，面接場面などで何気なく発せられ
る〈つぶやき〉に注目して考察をしてみたい。

Ⅶ　〈つぶやき〉とは？

　中井（1974）は，統合失調症者への精神療法的接近において，そのとき臨
床家の多くが感じる「あせり」について論じている。「あせり」は，統合失
調症者の病理を的確に表現していると同時に，そのままクライエントにも理
解され，面接に有効に働く言葉である。

　臨床家は毎日多くのクライエントと会い，多くの思いを感じ，一人一人に
心の中でつぶやく。中井の「あせり」も，「あいつも俺もだいぶあせってる
なー」という〈つぶやき〉[注2]から端を発したに違いないと私は想像してしま
う。「あせってるな……」という〈つぶやき〉，それ自体は臨床家の個人的な

注2)　私のいう〈つぶやき〉と佐藤（1992）の「つぶやき集合」とは異なるものであることを，
佐藤の指摘（私信，1992）により明記する。

ものであるが，それがある事例，もしくは複数の事例の面接の核になっていく。「あせり」は多くの場合，統合失調症者に通じる具体的な言葉である。よって，彼の研究は，クライエントと無関係に頭の中で作り出した理論研究とは違うし，難解な専門用語を提出して自己満足しているのでもない。

このような〈つぶやき〉が少しずつ報告されていくとき，私たちは，それまで主にスーパーヴィジョンなどでしか得られなかった臨床知見の一端を自分のなかに蓄積していくことができるような気がしてならない。〈つぶやき〉を一つ報告するだけでも価値があろうし，複数の症例に通用するつぶやきにまで切磋琢磨していけたら，心理臨床学に学問的な蓄積が残せるのではないだろうか。

Ⅷ 〈つぶやき〉が生まれるとき

どのような過程で，〈つぶやき〉が生まれるのかという問題を考えてみたい。

クライエントといて，自分が何かいつもの言葉（たとえば，ただ腹が立つとか悲しいとか）では表現しきれない気持ちを抱いたとき，私は自分の心のなかを覗いてみる。うまく意識化できず表現もできない気持ちを抱いている自分の心は，もやもやしていて何とも落ち着かないことが多い。そんなとき，敢えて，このクライエントの今のキーワードは何かとか，スタッフの誰かに一言でこのクライエントの印象を伝えるならどう言うとか，内省してみることにする。そうすると，いろいろな言葉が私のなかに次々と湧いては消え，湧いては消え，という作業が繰り返される。たとえば，「いじらしい」と「いたいけのない」などは一見似た言葉であり，一般的にはどちらでもよいのかもしれないが，そのクライエントに本当に適切な表現は，どちらかしかありえない。

この反すう作業の挙げ句に，「板ばさみ」「一人芝居」といったような，私がクライエントの特徴的な対人状況について抱く印象や，「低空飛行中」「スライディング・セーフ」のような状態像や，「余震」「夕立か」「毛利さん状

態」のように，面接がある程度進展した二人にしか通じないような言葉がため息と共につぶやかれる。そして，そのつぶやきと共にクライエントと自分の全体状況が明確になり，闇にふいっと湧いた微かな光のように，自分が臨床家として，いま何をすればよいのかを教えてくれる指針となる。この瞬間は，クライエントといる真っ最中に訪れることもあるし，一人でクライエントを思っているときに訪れたり，誰かに相談しているときに訪れたりと，訪れる時期はさまざまであるが，一旦得られてしまえば，即刻臨床に活かせるのが特徴である。

　そして，似たような〈つぶやき〉を複数のクライエントとの間で繰り返していくと，つぶやきに磨きがかかって，別の面接に役立つようになるらしい。これは，丁度，ダイヤモンドの原石を磨き上げていく作業に似ているのかもしれない。原石のままだと，一事例に通じるつぶやきであろうが，磨き上げれば上げるほど，より一般化した〈つぶやき〉になって，多数のクライエントの心に通じる確かな結晶へと変化してゆく。

　これらは〈つぶやき〉であって，いわゆる専門用語の提案ではない。たとえば，「このクライエントには投影同一化があるな」と臨床家の頭のなかで理解できたとしても，相手に「あなたには投影同一化があるようですね？」とは言えないし，他の臨床家に伝える際にも，投影同一化という用語の定義が使用者によって微妙に異なれば，それから先は単なる理論的論争になってしまう恐れがある。それに対して，〈つぶやき〉では，「あー，勘ぐるな……この人は」と臨床家が思い当たれば，すぐに面接で，「そういうとこ，勘ぐっちゃうんだね」というように使用でき，クライエントが，「そうなんですよ！そういうとこ勘ぐって困っちゃうんですよね！」となれば，あとは「勘ぐる自分」について二人で語り合い，感じ合っていくという治療的作業ができることになる。「勘ぐりか……」という〈つぶやき〉を一旦得られたなら，それは他のクライエントの面接でも応用できることになるから，敢えて投影同一化という専門用語を使用する必要がない。また，〈つぶやき〉は，その意味を解釈する必要のない言葉であるから，他の臨床家に誤解なく伝わると

いう利点がある。

この〈つぶやき〉は，神田橋（1990）が精神療法の中心に置いた「雰囲気」と関連が深いように思われる。彼は，「精神療法群に共通する核は，形がなく，輪郭がなく，言語によって捕らまえることができず，イメージの基盤に流れている『それ』，正式に命名すると円環物差しのどこかに場所が定まってしまうので，さしあたっては，仮に『雰囲気』と命名することで，その性状を暗示するに止めざるを得ない『それ』なのである。病も治療も関係も根源的には，己の『雰囲気』のあり様なのである」と述べている。私の考えでは，この「雰囲気」を言語化し具体化したものの一部が〈つぶやき〉に相当するのだと考える。また，〈つぶやき〉は，孤立した世界（心）を交流のある外的世界（治療関係）へと橋渡しするような北山（1993）のいう「比喩」と似た働きをするとも考えられよう。

成田（1986）は，神経症の精神療法について述べたなかで，臨床家が患者に解釈するときに4通りの言い方があると説明している。引用すると，①"You are a 〜 .", ②"You are 〜 .", ③"You feel 〜 .", ④"I feel 〜 ."であり，①の例として，「あなたはいつも怒ってばかりいる性格異常者だ」とラベルを患者に貼るやり方を挙げ，「①のように患者を分類してしまうのがもっとも治療的でない」と指摘している。

〈つぶやき〉は，このラベル貼りとは異質のものと思われる。「あなたはあせってばかりいる性格だ」と分類する思考からは〈つぶやき〉は生まれない。むしろ，"You feel 〜 ."と"I feel 〜 ."の混沌としたような心境から〈つぶやき〉が生まれてくるのだと思う。成田は，「本当に秀れた治療家は"You feel 〜 ."と"I feel 〜 ."の間の不分明に耐えつつそこにとどまり，次第にそこを解き明かして独自の概念をつくり出している」と述べているが，「独自の概念」を一人の臨床家が見いだすのは容易なことではない。「独自の概念」がoriginalityだと規定してしまうと，事例研究は自分にとって遠い彼方にある憧れで終わってしまう。「独自の概念」にまで概念形成を完成できなくとも，その前段階の思いが〈つぶやき〉として事例報告の中に記載されるだけで十

分に originality のある事例研究といってよいのではなかろうか。そして，複数の臨床家の間で〈つぶやき〉を磨き上げてゆけばよいのではないだろうか。

IX 〈つぶやき〉は科学的方法論か？

最後に，〈つぶやき〉は科学的方法たりうるかという問題に触れてみたい。心理臨床学は狭い「科学」では捉えきれないから，そんな言葉は捨ててしまったら，という意見もあるかもしれない。しかし，少なくとも一つの学問として心理臨床学が認知されていくためには避けて通れない論題であろう。この問題について，河合（1992）は次のように論じている。

近代科学の知の本質とは，世界や実存を「対象化して明確に捉えようとする」ことにあり，これは対象と自分との間に明確な切断があることを示す。しかし，人を対象化して観察する姿勢は，他人を何らかの方法によって「操作」しようとする傾向を生む。このような「科学的」人間観は，人としての相互関係を失わせ，人々を孤独に悩ませることになる。心理臨床学は，このような客観化の行為ではなく，対象と主体的に関わることによってのみ把握される真理を目ざす。それゆえ，心理臨床学は人間を対象とする「科学」の一分野であり，なおかつ近代科学と方法を異にしている。

また，早坂（1983）は，次のように指摘している。「実験的手続きや数量化の方法に客観性がそなわっており，したがってこの方法こそが唯一の正しいものだと確信するのは誤っている。実験や数量化はあくまでも私的主観の客観化の手続きの一つにすぎないのだ」（傍点は筆者）。彼が指摘しているように，ニュートン物理学に代表される物質的科学に心理学が憧れ，人間の心理的尺度を追い求めてきた歴史は，統計数値を用いた研究を主に「科学研究」として崇めるような風潮を作り出してきた。もちろん，それが一概に悪いのではないが，そこからはみ出た貴重な臨床知見も多いのではなかろうか。狭い意味での科学的心理学から「取り残された心理学」の方法論について，高橋（1975）は次のように述べている。

心理臨床学研究の方法論について思うこと　　103

「したがって，この種の問題は，現在のところ，（心理学者自身の課題とするよりも，）われわれ人間が"ものを知る"とはどういうことかを二千年のむかしから考えつづけてきた哲学者たち，とりわけわれわれが"心について"知るということはどういうことかをもっぱら明らかにしようとしている"心の哲学"者たちの分析に，主としてゆだねるほかはないように思われる」。

　哲学者が学問上の方法論について論考するのは当然のことだと思うが，だからといって，私たちが手をこまねいていて良いのだろうか。近接領域の精神医学においては，診断における方法論の問題がしばしば討論されている。最近では，笠原ほか（1989, 1991），北村（1990, 1991），三宅（1991），中安（1991），金（1992）など心理臨床学にとっても刺激になる論文が多い。患者のあり様をいかに適切に査定し，治療に役立てていくかについて精神医学は真剣に取り組んでいると思う。

　クライエントの役に立つだろう学問上の財産を提供し，検討していくことが，心理臨床学という人間科学における課題であるとするならば，方法論を漠としたまま放置せずに，具体化していく試みが必要なことは前述した。では，どこが学術論文として「科学的」であれば良いのだろうか。

　三宅（1991）は疫学の立場から，こう述べている。「もちろん言うまでもなく臨床研究の科学的方法は統計学のみではない。しかし科学研究であるからには，その論理展開は誰にでも納得される，飛躍のないものでなければならないし，その手順の明示が必要であることも忘れてはならないであろう」。

　心理臨床学における「手順」は，おそらく概念形成過程の問題を含むだろう。その概念が形成されていく過程が多くの臨床家に納得されなければ，それは意味を持たない。〈つぶやき〉も同じであって，産出された〈つぶやき〉それ自体も貴重だが，それ一つをポツンと記述しても伝わらないだろう。臨床家の〈つぶやき〉が生み出されていく過程が手に取るように読者に伝わるような描写が事例研究には必要であろう[注3]。そうなって初めて，〈つぶやき〉

注3）　河合はこう述べている。「心理療法について書いていると，つい自分ができもしない難しいことを書いてしまいがちになる」。全く同感である。

のある事例研究が「科学的」だといえるのではないだろうか。

（心理臨床7巻3号　1994年　34歳）

文　献

上里一部「心理臨床学における「研究」を考える」心理臨床学研究，10（2）；1-3.

早坂泰次郎（1983）「看護にとって「人間関係」とは―客観的ということ」医学と教育，31（2）；43-50.

藤原勝紀（1992）「臨床心理学の目的と意図」『心理臨床学大事典』培風館，pp.1-17.

福島章（1993）「逆転移と精神療法」精神療法，19（3）；211-216.

Jones, E. E.（1993）Introduction to Special Section Single-Case Research in psychotherapy. Journal of Consulting and Clinical Psychology, 61（3）; 3 71-372.

神田橋條治（1989）『精神療法面接のコツ』岩崎学術出版社．

笠原敏彦，傳田健三，田中哲（1989）「心気症の分類と臨床特徴」精神神経学雑誌，91（3）；133-151.

笠原敏彦，傳田健三，田中哲（1991）「精神障害の亜型分類の方法論」精神神経学雑誌，93（2）；94-97.

河合隼雄（1986）「事例研究とは何か（企画・司会・小川捷之）心理臨床学の立場から」心理臨床学研究，3（2）；5-37.

河合隼雄（1992）『心理療法序説』岩波書店．

金吉晴（1992）「スキゾフレニア診断学の方法論的検討―その理念と指標性について」精神神経学雑誌，94（8）；711-737.

北村俊則（1990）「精神障害の亜型分類の方法論について」精神神経学雑誌，92（4）；242-244.

北村俊則（1991）「精神医学における操作的診断基準とDSM-Ⅲ-R―従来診断の実証的視点の欠落に触れて」精神科治療学，6（5）；521-531.

北山修（1993）『北山修著作集　日本語臨床の深層第2巻　言葉の橋渡し機能およびその壁』岩崎学術出版社．

三宅由子（1991）「臨床研究における記述的方法と仮説検証的方法―精神障害の亜型分類に関する北村と笠原らの討論への参加」精神神経学雑誌，93（8）；690-691.

中井久夫（1974）「精神分裂病者への精神療法的接近」臨床精神医学，3（10）；1025-1034.

中安信夫（1991）「DSM-Ⅲ-Rに見る臨床的視点の欠落」精神科治療学，6（5）；511-520.

中安信夫（1991）「拙論に対する北村俊則氏の反論を読んで」精神科治療学，6（5）；533-535.

成田善弘，（1986）「対象別にみた個人精神療法―神経症」島薗安雄，保崎秀夫編『精神科

MOOK15　精神療法の実際』金原出版，pp.l08-119.

大塚義孝（1985）「心理臨床学の独自性」心理臨床学研究，3（1）：1-5.

佐藤忠司（1992）「心理臨床実務としての還元系」心理臨床学研究，10（1）：1-4.

高橋澪子（1975）「心理学にお付る方法論の史的展開」続有恒，八木冕編『心理学研究法　第1巻　方法論』東京大学出版会.

鑪幹八郊，名島潤慈（1991）「事例研究法論」河合隼雄，福島章，村瀬孝雄編『臨床心理学大系第1巻　臨床心理学の科学的基礎』金子書房，pp.272-288.

津川律子，近藤幸子（1993）「「心理臨床学研究」にみる臨床心理学研究の現状．創刊号から8年半の掲載論文から」心理臨床学研究，10（3）：82-87.

氏原寛（1974）『臨床心理学入門』創元社.

安永浩（1986）『精神医学の方法論』金剛出版，pp. 42-46.

【事例から学ぶ②】
スキゾイドパーソナリティ障害の青年との心理療法

はじめに

　沈黙の多い面接に出会うと，治療者としてどう対処したらよいのか思い惑う。教科書的な原則でいえば，クライエントの話の流れを妨げずに沈黙を大切に扱っていくことが肝心なのだろうが，具体的にはどう接したらよいのだろうか。

　今回，ある青年との沈黙の多い心理療法を報告し，そこから逆転移について若干の考察を試みたい。

I　事例の概要

【事例】：C さん　男性　来談時 20 代　専門学校 1 年在学中
主　訴：「専門学校が自分に合わない」
　（以下，「　　」内は C さんの発言）
家　族：父は尋常小学校を卒業し，戦後，地味な中堅企業に入社した。その後 30 年の間，同じ会社で社長専属の運転手をしている。職場でも家庭でも大人しく無口で，自分の愛車を洗うのが唯一の趣味である。極端な分裂気質の人と推測される。定年退職を目前にしている。

　母は中学卒業後，お見合いで現夫と結婚し，パートで働きながら家事や子

育てを担ってきた。父と比較すれば会話のある人だが、一般的にみれば大人しく非社交的な人で、類型学的には分裂気質に入ると思われる。50代半ばである。

同胞は、姉が一人いるが、嫁いで家を出ている。Cさんとは反対に、「感情的で、友達と喫茶店に行くほど不良な」人だというCさんとの交流は乏しい。

このように、C家においては分裂気質であることは当り前のことであり、「普通」の基準が世間一般から懸け離れている。ほとんど会話らしい会話のない三人暮しだが、それも「普通」のことになっている。家族のなかで唯一、通常の社会性を保っていると推測される姉は、C家においてはかえって浮いた存在になって離れている。精神科疾患の遺伝負因は否定している。

生活歴と現病歴：満期正常出産で身体的な問題はなかった。幼稚園時代も大人しい子であったが、小学校へ上がったころから、集団に馴染まず、いつも一人でいるという性格傾向が顕著になった。一人でもできるボードゲームが大好きで、それ以外の遊びには興味を示さなかった。小学校は「楽しくなかった」。体育など運動が大の苦手で、学業成績は中の下を続けた。

中学校に入学してすぐに複数の同級生からいじめられるようになった。「学校に行きたくない」と毎朝ポロポロ泣くが、学校を休もうとはしない。中1から中2の半ばまで約1年間、児童相談所へ母子共に毎週通った。面接の様子はほとんど記憶していない。

高校に入学後、アニメ部に入部するが、クラブがいやで頭痛がひどく、筆者が勤務している病院の脳外科を受診した。検査の結果、異常はなく、クラブを退部したら頭痛は自然に治った（心因性頭痛）。高校ではいじめに合うこともなく、3年間図書委員をやり、これが人生で唯一の達成感をもつエピソードである。高3で、大学受験に失敗し、浪人する。有名予備校に入学し、まじめに毎日通った。一浪後、再び受験に失敗した。父が二浪は許さなかったため、自分は働こうと思っていたが、母が専門学校を勧めて選んできた。

×年4月：D専門学校工学科に入学。1クラスが100名近くおり全員男子。

まじめに毎日授業を受けたが授業について行けず，クラスの雰囲気も「うるさい」のでいやで，「専門学校が合わない」。かといって自分から別の生き方を探したり，遊ぶこともできずに，ただ困って頭を抱えていた。両親は学校を強要してはいず，退学を許可していたが，自分で決断することができなかった。

×年9月：新学期が始まったため，再びゆううつになり，母の前で「くそっ！　くそっ！」と大声で叫ぶことが出現した。叫んでいる間の記憶がないため，心配した母が病院受診を勧めてCさんを連れて来院した。

×年9月下旬：精神科初診。心理療法の必要を感じた初診医より，その日に心理療法の依頼が出て予約をして帰る。以後，精神科医が薬物療法を担当し，筆者（臨床心理士）が心理療法を担当するという形で治療が行われた。薬物療法はブロマゼパム（Bromazepam）を1日4mgが継続された。

Ⅱ　面接経過

全部で73回の心理療法（1年7カ月）を記載するため，Cさんの生活環境の変化などに応じて便宜上大きく4期に分けて記載した。治療構造には変化がなく，週に1回，1回1時間の面接契約である。ただし，初回面接だけはアセスメント面接を兼ねて1時間半であった。

第1期　#1〜#10（×年10月〜12月上旬）

初回，母と二人で待合室で待っている。相談の結果，最初Cさん（以下，彼）と二人で話して，その後，母と筆者（以下，私）の二人で話すことになる。ひょろっとした体型の童顔の青年で，背の高い小学生といった外見である（以下，〈　〉内は私の発言）。

〈どんなことで困って病院に来てくれたのか話せる範囲で教えてくれないかしら〉「暴れちゃうから」と彼は楽しそうに答え，ちっとも困っている表情ではない。〈もう少し詳しく教えてくれないかな〉「暴れたの。意識してな

いうちに」〈意識してないってことは自分では憶えていないのかな，そのことを？〉「そう．全然憶えてない．だからお母さんに聞いてよ，お母さんがよく知っているから」と無邪気に笑いながら答える．あまりに稚拙な返事なので私は思わずカルテの年齢欄を見直してしまう．〈そのことは後でお母さんからよく聞くけど，それじゃあＣさん自身は何も困ってないのに，無理矢理お母さんに病院に連れてこられたってことかしら？〉「そうじゃない．そうじゃないよ」と慌てて否定する．〈なら，自分の困っていることを教えてよ〉「専門学校が合わないんだ．それで困っている」と急にまじめな表情でぽそっと話す．私はやれやれという心境でほっとする．

　以下，大学に入りたかったが失敗し，母に勧められるまま専門学校に入学したこと．今は学校が合わないことなどをたどたどしく話す．どういう点が自分に合わないのかは明確化できない．彼は「専門学校をどうするか」と自問自答のように繰り返し咳く．何か複数の解決案で悩んでいるのではなく，私に解決を求めているわけでもない．ただ「専門学校どうしようか」で困っている．専門学校以外に自覚的に困ることはない．ともかく二人で一緒に考えていきましょうと私が提案して，週に１回，１回１時間で契約して終わる．通院をいやがっている様子はない．言われるままである．

　次に，母と私の二人になる．母は小柄で地味な人で淡々と息子の様子を語る．焦っていたり不安な様子は表立たなく，落ち着いて語る．児童相談所の経験があるせいか話はよくまとまっていて理解しやすい．息子が「くそっ！くそっ！」と大声を出すのは専門学校が合わなくて困っているせいであろうと述べ，心因と症状の関係を理解している．彼は「暴れた」と表現しているが，実際は「くそっ！」と言葉で言うだけであるとわかった．

　初回の私の見立てとしては，彼は自主性・能動性に欠け，対人関係障害の強いスキゾイドパーソナリティ障害（schizoid personality disorder）と思われ，未熟な精神内界を強く感じた．治療目標（専門学校の件を何とかする）が達成できたら治療終了で，パーソナリティそのものはほとんど変化しないであろうと予測していた．

#2 から彼のみ休まず通院してきた。以後，同じような話が繰り返される。「専門学校が合わない。授業も毎日行って一番前で聞いているのにわからない。英会話の授業は二人で組んで会話の練習をしなければいけないのに相手がいない。試験の点数が悪い。専門学校はうるさい。専門学校は合わないが，やめるのは……」。将来どうしたいという希望がわかない，というより，考えられない。専門学校の話をする時は困ったような表情で語り，話がすぐ行き詰まってしまう。

　反面，好きなボードゲームの話をするときは生き生きしていて楽しそう。気分がよい時は，ボードゲームに関するクイズを私に出して答えられないのを見て楽しむ。家で「くそっ！」と自分が言うため，母が心配していることに彼は罪悪感を持たない。家族の話は私が聞かない限り出てこない。友達は一人もいないし今までもいなかった。ボードゲーム以外の楽しみは，特定の漫画だけ。面接中に私に遠慮せずに大あくびをする。自分のことなのに他人事のように話す。

　母の主訴であった「暴れる」ことはなくなったが，沈んだ表情は続いていた。ここまでの段階で私は自分の面接態度について迷っていた。私がイニシアチブをとって積極的になると，過保護な母親のように彼の自主性の芽を摘んでしまうのではないかという恐れが私の中にあったし，かといって，彼の自主性のなさにつき合って，話を聞いて待っているだけでよいのだろうかという疑問符もまた私の中にあった。

第２期 #11 〜 #21（×年 12 月〜×＋1 年３月上旬）

　ゲームや漫画の話をしたり，関係する写真を持ってきて見せてくれたりする。私になついた感じがする。専門学校は相変わらず「合わない」の一言。「大学に行きたかった。予備校の模擬試験では十分に合格圏内だったのに，なぜ落ちたのかわからない」と受験の失敗を後悔まじりに繰り返す。反面，気分のよい時は，アニメの鼻歌を歌ったり，「高校の図書委員の時はよくやった」と自画自賛を繰り返す。

父が来年定年になったら遠方のＥ県に転居するという話が持ち上がり，彼も当然のことのようについて行くと言う。彼の興味の範囲が極端に狭いので，だんだんと面接で話が途切れることが多くなってきて，10分以上続く沈黙も出現しだした。沈黙の間，彼はニヤニヤと思い出し笑いをしたり，何か思い出に浸っている。沈黙が続き，耐えられなくなった私が「何か考えてた？」ときりだすと，「何にも」と答え，思い出を私と共有しようとはしない。私が何か質問すると，彼も何かしゃべり出すが，なかなか話は広がったり深まったりせず，すぐに途切れてしまう。沈黙が続くと辛いかと問うと，「いや，うん，ちょっと」とはっきりしない。面接者として打つ手が乏しく感じられ，だんだんと私は眠くなりだしてしまう。

　２月に入り，留年する可能性が出現したが，留年はいやだとこの点だけは明確に言い，もし留年になったら専門学校をやめると言う。やめたらアルバイトでもしようと考えるようになり，どんなアルバイトがいいか二人で考えていった。本の整理などの軽作業がいいという結論になった。

第３期 #22 ～ #39（×＋1年３月～７月中旬）

　#22（３月中旬）に留年が決定し，自分で職業安定所へ行った。次の回には，もう自分でアルバイトを見つけ出していた。予定通り，出版会社の軽作業であった。自分の考えと力でアルバイトを見つけたことを私としては大いに褒めたたえた。それに対して彼は嬉しそうに照れていた。毎日働いたが，軽作業のアルバイトで人間関係をあまり必要としないのが幸いしたのか，順調に仕事をした。専門学校時代より表情は一段と明るくなっていった。友達は相変わらずできなかった。私が面接で眠くなるのも相変わらずだった。

　「専門学校のことを思いだして辛くなる時がある」と時折言いつつ，ほとんど甘えて愚痴っているという雰囲気で，体調も気分も専門学校時代に比べるとぐっとよくなった。タバコを吸うようになり，私に自慢そうにタバコの箱を何回も見せたり，子どもっぽいところは変化しない。「仕事はだいぶ慣れてきた。自分は孤独性が強いし，神経質で何でも気にしやすい。会社の人

もみんな孤独性が強い人が多い。お昼休みも仕事の話以外はほとんど出ない会社。1週間，毎日同じような生活。それでも僕は満足しているけどね」と，自分のあり方について大ざっぱな把握はできる。

　クイズを私に出したり，あくびをしたり，ニヤニヤしながら頬を撫でて一人で思い出し笑いをしたりする。時にぼそっと，「ここ（counseling）に来るのはいいね。何かいいね」「ここに来ると神経質が良くなるんだ」などと呟く。

　私の方は相変わらず睡魔に襲われるので，申し訳ないと思っている。しかし，彼といると自然に緊張が緩んでしまう。面接で眠くなってしまうことが気になっていた私は，#39の後に，ベテラン臨床家のスーパーヴィジョンを受けた。

第4期 #40 ～ #73（×＋1年7月下旬～×＋2年4月中旬）

　スーパーヴィジョンで，眠気を催してしまうという私の状態について教えを請うたところ，スーパーヴァイザーの指摘は，彼の話が実際かなり退屈なのであろうという点と，その退屈さを私が十分に意識化できていないという2点であった。妙に納得した私は，次の面接（#40）から不思議とあまり眠くならなくなった。偶然か，時を同じくして，彼の話のトーンも微妙に変わってきた。大学に行けなかったことはもう悔やまなくなった。就職に関しても，東京に残ろうかと真剣に考えた時期もあった。結局E県に行くことになったが，自分で自分の人生を考えようという雰囲気を感じる。「就職のことを考えると暗くなるよー」と言いつつ，考えることができるし，考えたからといって気分も大きくは崩れない。

　9月に入り，転居の話が現実化してきた。就職のために，彼は職業安定所に掛け合ったり奮闘したが，転居地が僻地にあるため，東京にいながらにして就職先を決めるのは困難であった。×＋2年3月まで東京にいる予定になったので，心理療法は転居するまで続ける契約になった。母は「もう暴れなくなったのだから病院はやめたら」と言っていたが，彼自身が希望して，自分

の給与でお金を払って通院を続けた。面接の終了期限が明確になったことで私としては気が楽になった。

#61 では，「今まで自分のこととか考えたことがなかったし，深く考えすぎると気分を悪くしちゃったし。就職にしても，最後に決めるのは自分だしね」。結局，就職は転居後落ち着いてから探すことで落着したが，私はそれまでの彼の自主的な努力を褒めたたえた。「ここに来ていろいろ話す相手ができてよかった。今までにはなかった」（#69）。

#71 に転居日が決定し，#73 が面接の終結日と決められた。職場が彼の送迎会を開いてくれたと嬉しそうに語る。彼にとっては思ってもみなかったことらしい。私からは，カウンセラーのいそうな地元の医院にかかり治療を続けるよう話したが，僻地に移転するので困難そうであったし，私も E 県に紹介機関がなかった。

最終回，手紙でその後の様子を知らせてくれるよう私が頼むと，「うん」と言いつつ頭をかく。他人に手紙を書いたことは 1 回もないと言う。「でも書くよ，書くから」と言うので，〈気長に待ってるから無理しないでね〉と頼む。別れ際，出口で「それではこれで行きます。どうもありがとうございました」〈元気でね〉「行きます」〈うん〉「じゃあこれで行きます」〈うん〉と何回も繰り返して，少し「神経質が減って」人柄が柔らかくなった彼は，名残惜しそうに去っていった。

面接後記：面接終了後，数年して，彼が突然挨拶に来院した。開口一番，「手紙書こうと思ってたんだけどー」とすまなそうに頭をかくので，私は苦笑してしまった。カウンセラーのいる病院はおろか，自宅から車で 30 分以内に診療所もない僻地に転居したため，治療はまったく受けていないが，勤めは毎日行っていると元気そうにしていた。それから，さらに年月が経ったが，手紙はまだ来ない。

【事例から学ぶ②】スキゾイドパーソナリティ障害の青年との心理療法　115

Ⅲ　考　　察

1．機能水準について

　この事例を読むと，陰性症状主体の統合失調症者ではないかと推測する臨床家もいるだろう。しかし，自我障害がなく，思考障害もなく，睡眠や食欲は十分で，統合失調症とは考えにくい。診断的には，DSM-Ⅲ（1980）のSchizoid Disorder of Childhood or Adolescence の臨床像がぴったりであり，DSM-Ⅲ-R（1987）のSchizoid Personality Disorder にも該当するので，スキゾイドパーソナリティ障害が主診断と考えられた。

　中尾ら（1989）は診断基準にDSM-Ⅲ-Rを用いて，パーソナリティ障害（disorder）と人格傾向（trait）の機能水準（functioning level）について研究している。そのなかで，3名のスキゾイドパーソナリティ障害のGAFが37.3 ± 2.5 を示したことから，「スキゾイドパーソナリティ障害は低い機能水準を示す」と論述しているが，この点はCさんと合わない。CさんをDSM-Ⅲ-RのGAFで評価すれば，少なくとも41-50の間に入り，中尾ら（1989）の値を上回る。

　この点を他の事例報告と比較検討してみたかったが，スキゾイドパーソナリティ障害の邦文の事例報告は，木谷（1988，1990）と相田（1980，1981，1983）の2事例しか見いだせず，GAF に関して触れられていなかった。事例報告が極めて少ないのは，大野（1990）の「スキゾイドパーソナリティ障害患者が精神科を受診することは極めて少ない」という理由からであろうか。

2．面接のなかの沈黙について

　心理療法では，いろいろな形の沈黙に出会う。たとえば，松尾（1986）が「非対象化的無関心的沈黙」と名づけた沈黙がある。これは，面接者がクライエントに関心を向けただけで面接者自身がいたたまれなくなってしまうような，統合失調症の一部の状態の人々との沈黙から生まれた用語である。こ

の沈黙では，クライエントと面接者が二人でいて，面接者が相手に関心や注意を向ける，ただそれだけで，二人とも落ちつかなくなったり，いたたまれなくなってしまう。面接者が相手から関心をそらすことによって，二人ともやっと居心地がよくなるという流れがある。

　では，Cさんの沈黙はどうだったのか。Cさんの場合は，こういった「いたたまれなさ」は感じさせず，ひたすら退屈な沈黙であった。そもそも，他人と会話を楽しむなどということは彼の人生になかったのだから仕方がない。退屈のあまり私は眠くなったのだった。しかし，退屈だから眠くなるというのは治療者として相手に失礼であるという道徳感（面接者としての私の意識）があり，そのため，「すっごく退屈だ」という事実は，「ちょっと退屈だな」というレベルに抑制されていた。それがかえって眠気を呼んでいたのだと思う。私の眠気は，いってみれば面接者が逆転移を抑制しようとしたために，行動に表れた結果であった。その点をスーパーヴィジョンで指摘されて，抑制することなく，退屈なものは退屈なのだとはっきりと味わうことができるように私が変化したら，眠気も軽減した。そして，偶然か，時を同じくして，Cさんも柔軟性や積極性が出てきたように思う。

　このケースで大切だったのは，自分が面接者として逆転移をどれだけはっきりと意識化・言語化できるかという課題であった（ここで私は，逆転移という用語を「私がクライエントに対して抱く感情」のように，かなり曖昧かつ広義に用いている）。面接者として自分の逆転移を抑制しないで，むしろ十分に感じることこそが必要で，十分に感じていると，「退屈で退屈で，眠くなって悪いし，それは私の個人的な問題なのだろうけれど，実はこの退屈こそ，Cさんの最大のメッセージなのではないか?」と気づき，そこから心理療法の転機が訪れたように思う。逆転移に対しては，「治療者の洞察と自己抑制が必要」（西園，1984）とよく言われるが，抑制してしまう前にむしろ十分に味わうことが「洞察」につながるのかもしれない。

　また，私の逆転移を別な面から見ると，Cさんと私の面接に対する期待がずれていたという問題もあると思う。Cさんにとって私との面接は，弱音を

吐いたり，ほっと安らぐための優しい母親環境の場であり，自分の問題点や課題を内省して検討しあっていくという欲求に乏しかった。それに対して私の方は，少しは内省できないかという勝手な期待感が残存していたように思う。この二人のギャップが私に退屈感をもたらしたのかもしれない。

3. 面接態度について

　この青年に対する私の治療態度は，適切であったろうか。私の面接は支持的心理療法であったと思うのだが，もっと積極的に介入した方がよかったのだろうか。

　ここで，ロジャーズ（Rogers, C.R., 1966）の治療態度を思い出してみたい。彼は，schizophrenic reaction, simple type という診断名がついた 28 歳の青年（Mr. James Brown）との面接を報告している。この事例はタイトルが "A Silent Young Man" と付いているように，沈黙が非常に多い心理療法である。C さんとは病態が若干異なるかもしれないが，ロジャーズの面接態度を見てみたい。彼はこう述べている。「私は躊躇することなく，感情移入的推測（empathic guessing）をたくさんやることにした」。実際，彼は，押し黙っている Mr. Brown に対して，たとえば次のような言葉で積極的に働きかけをしている。

　「私は気にしているのです（I do care）。棒のようにここに立っていたくないのです」「私はあなたのじゃまになりたくないのですが，私がここにいるということも，知っていただきたいだけなのです」「きっと今朝は，私にだまっていてほしいんでしょうね。きっと私もそうすべきなんでしょうが，私はずっと，よくわからないんですが，何らかのかたちであなたとふれ合いたい（in touch with you）という気がしているのです」。

　このように，面接者が沈黙しているクライエントに積極的に働きかけることの意味を彼は次のように解説している。「（Mr. Brown は）私の配慮（caring）を経験するのである。その瞬間に彼の防衛の殻（defensive shell）は，大きく開かれ，もう二度と同じ状態にはもどらない。だれかが彼に心を配り

(cares），彼がその心配りを感じ，経験するとき，彼はもっとやわらかな人間になり，数年間うっ積していた傷が，苦しみの涙とともにほとばしってくる。(中略) 私の判断では，ここにセラピィにおける "変化の瞬間"（moment of change）があるのである」。

ロジャーズ（1967）のような積極的な治療態度と，前述の松尾（1986）のクライエントに関心を向けない治療態度とを，両極に置いたとすると，本事例では，どちらに近い態度をとればよかったのだろうか。Cさんの家庭は分裂気質者が多く，対象関係が希薄であった。Cさんには積極的に関心をもってくれたり，かまってくれる存在がいなかった。そのため，友達とも「どうしていいのか全然わからない」状態なのであった。Cさんといて，私は退屈を感じはしたが，松尾のような「いたたまれなさ」は感じなかった。ゆえに，治療者としては，もっと積極的にかかわった方がよかったのではないかと思う。この事例は，ロジャーズのような積極的働きかけが必要であったかもしれない。このように，クライエントに対する自分の治療態度を考える際に，広義の逆転移がその判断基準になると考えられよう。

引用したMr. BrownとCさんの異同について簡単にふれてみると，同じ側面は，二人とも面接で自発的な発言が少なく沈黙が多いこと，孤独な人であることが挙げられ，異なっている最大の点は病態水準であろう（Mr. Brownは精神病圏と思われる）。病態水準の違いによって治療技法に工夫を凝らすのは，通常多くの臨床家が心得ていることだと思うが，前述のように逆転移も面接態度の判断に重要な役割を果たそう。

また，この事例の面接のどこが成功で，どこが失敗であったのかも，簡単にふれてみたい。結果的に成功した点は，クライエントの主訴（専門学校をどうするか）と母親の主訴（大声で叫ぶ間の記憶がない）が解消したこと，社会人として生きて行くための実習（アルバイト）を行えたこと，人とかかわることの楽しさと安心感を私との間で体験したために，人格にゆとりが加わったことであろう。失敗点は，私が自分の逆転移に気づくのが遅れたために，面接開始当初の方針が消極的過ぎた点が大きかった。

4. 逆転移について

　この特集（『精神療法』19-3, 1993）で多くの臨床家が自分なりの逆転移の定義を記載するだろう。しかし，前述したロジャーズは転移や逆転移という用語そのものを用いない。村瀬（1988）が解説しているように，ロジャーズは精神分析が既に確固とした地位を確立していたアメリカで，敢然とそれに反旗を翻した人であり，逆転移という用語を知らずして使用しなかったのでなく，意図的に用いなかったのである。

　ロジャーズ（1951）は，フロイト（Freud, S.）の「転移は，両親に対する彼らの関係に由来しているのである（エディプス・コンプレックス）。転移は，おとなたちが，以前の子どもじみた依存を克服していない事実の証拠なのである」という解説を引用して，転移という言葉の意味を次のように述べている。「転移とは，両親のいずれか一方もしくは他人に指向されていたいろいろの態度が，セラピストに移される場合に適応される言葉である」。そして，転移に対して面接者がどう振舞えばよいかについては，「転移に対するクライエント中心のセラピストの反応は，クライエントの他のいかなる態度に対するのとも同じである。すなわちセラピストは，理解し受容しようと努力するのである」と述べて，セラピストがこの態度を保持することで，転移の態度は消失すると考えた。

　上述の表現を見る限り，ロジャーズ（1951）は転移という用語をフロイトの定義に沿って捉えており，そのなかでも依存性（クライエントがセラピストに依存しようとする態度）を転移の中心的性質として捉えているようにみえる。彼はこの意味において転移や逆転移という用語を用いなかったのである。すなわち，ロジャーズは転移や逆転移現象が存在しないと言っているのではなく，「親に対する感情が治療者に向けられること」のように定義すれば，転移・逆転移に治療者がこだわる必要はないと捉えているように思う。面接者が，クライエントといるとき自分の中に沸き起こってくる感情を十分に味わっていれば，その中に転移・逆転移も含まれているから，それ以上こだわる必要はないという理解である。ところが，本論で私が用いている逆転移と

は,「私がクライエントに対して抱く感情」と広義であり,まさにロジャーズが大切にしているであろう感情を逆転移と勝手に呼んでいることになる。

　ここで,逆転移の定義を論じるつもりはない。ただ,私のような初心者にとっては,広義の逆転移という用語が,Cさんの場合のように,心理療法の重要なポイントを見落とさないよう注意を喚起してくれるという点で,大切な用語ではないかと感じている。しかし,他の治療者に伝える際の便利さを除けば,ある程度の力量を備えた面接者にとっては,逆転移という用語を,狭義ではともかく,あえて広義で用いる必要はなくなっていくのかもしれない。いみじくも,村山(1988)はロジャーズの面接態度について,こう述べている。「(彼は)逆転移を乗り越えた,というか,それを昇華したところで,どう相手に働きかけるかということを非常に重視していた」。

（精神療法19巻3号　1993年　33歳）

文　献

相田信男（1980）「動機のはっきりしない大学中退者に対する治療者の態度の発展—モラトリアム状態が"ひきこもり"の防衛であった一症例」精神分析研究, 24 ; 307-310.

相田信男（1981）「ひきこもりから人みしりへ—schizoid personality と治療者の関わり」精神分析研究, 25 ; 218-221.

相田信男（1983）「Schizoid の治療における治療構造を媒介にした脱錯覚過程」精神分析研究, 27 ; 73-78.

American Psychiatric Association （1980） Diagnostic and Statistical Manual of Mental Disorders （Third Editon）.

American Psychiatric Association （1987） Diagnostic and Statistical Manual of Mental Disorders （Third Edition-Revised）.

木谷秀勝（1988）「シゾイドパーソナリティーの青年の一症例—夢見る夢男と現実をめぐって」精神分析研究, 33 ; 405-409.

木谷秀勝（1990）「シゾイドパーソナリティーの青年の一症例—夢見る夢男と現実をめぐって」精神分析研究, 34 ; 263-275.

松尾正（1986）「分裂病者との間で治療者自身が"沈黙"するとき,そこにもたらされるもの—現象学的治療論の一試み」精神神経学雑誌, 88 ; 509-538.

村瀬孝雄（1988）「来談者中心療法の発展」季刊精神療法, 14 ; 143-152.

村山正治(1988)「心理療法の今日的課題を問う―C. R. ロジャーズが遺したものからの出発」村上英治企画者代表：日本心理臨床学会第6回大全企画シンポジウム記録 .

中尾和久，田中則夫，頼藤和寛（1989）「DSM- Ⅲにおける人格傾向，人格障害と機能水準についての実証的研究」大阪府立公衛研所報　精神衛生編第27号；69-77.

西園昌久（1984）「逆転移」新福尚武編『講談社精神医学事典』p. 170.

大野裕（1990）「パーソナリティ障害」『臨床心理学体系2　パーソナリティ』pp. 45-106, 金子書房 .

Rogers, C. R.（1951）Client-centered Therapy: Its Current Practices, Implices, and Theory. Houghton Mifflin.（友田不二男編訳(1966)『ロジャーズ全集3　サイコセラピィ』岩崎学術出版社 .）

Rogers, C. R.（1967）The Therapeutic Relationship and its Impact : A Study of Psychotherapy with Schizophrenics. Gendlin, E. T., Kiesler, D.J. & Truax, C. B.（eds.）University of Wisconsin Press.（伊東博編訳（1972）『ロジャーズ全集別巻3　サイコセラピィの実践』岩崎学術出版社 .）

心理士から医師に知っておいて欲しいこと・
医師から伝えて欲しいこと

Ⅰ　心理士から医師に知っておいて欲しいこと

1. 医師は「医学」を学び，心理士は「心理学」を学ぶという大前提

　ある患者さん（20歳代男性）についてスタッフ・ミーティングをしている場面を想定してみる。

精神科医：DSM 診断だと，ピタっとこれだっていう診断がつかないけれど，陰性症状があるし，気分の波もあるので，やっぱり非定型精神病と思う。

看護師：本人はすごく診断を気にしていて，私たちにもよく聞いてくるんですけど，どうしたらいいですか？

心理士：カウンセリング場面でのやりとりを見ると，診断を気にする反面，すごく精神病を怖れていて，いわゆる精神病恐怖が強くあるように思います。

作業療法士：そうそう，この前，レクリエーションの時間に，隣の部屋の〇〇さんが自分で「俺は精神病だ」って言っているのを彼が聞いていて，顔色がこわばっていました。

福祉職：病名告知をどうするか，スタッフで統一しないと。

　このような会話は日常的であろう。病名告知をめぐって，どの職種も意見交換ができている。チームで協働するということは，表面的な人間関係を取

り繕うことではなく，具体的には，援助に向けて語り合うことが中心になっ
てくるからである。

　しかし，スタッフが語り合い，チーム援助が円滑に機能していればいるほ
ど，それぞれの学問背景が違うという事実が医師の念頭から失われてゆくと
いう皮肉が存在するように思う。医師の学問背景は「医学」(medicine)であり，
心理士の学問背景は「心理学」(psychology) である。そのことを何よりま
ず医師にわかって欲しいと願っている。

2. 心理学の特徴

　現存する最古の心理学書といわれているのはアリストテレス (BC384-322)
の『De Anima』であり，少なくともギリシア哲学の時代から心理学は存在
している（今田，1962）。心理学は過去の長い正統派の学問である。

　もう一つ，心理学には，学問の幅が広いという特徴がある。たまた
ま，いま手元に4年制大学心理学科1年生のテキストとして使用している
「Psychology-A Student's Handbook」(Eysenck, 2000) という本がある。開
くと A3 版という大きさで979頁もある。非常に重い（……この本を持っ
て講義室へ行くのが何と大変なことか）。1年生向けのハンドブックなので，
広く浅く心理学の各領域が章立てされていて，全32章になっている。

　医師が出会う心理士の多くは，たとえるならこの全32章のうち，1章し
かない臨床心理学 (clinical psyhology) を専門とする心理士である，残り
31章分の心理学があること，そもそも臨床心理学は心理学の一分野である
こと，正確にいえば心理学の一分野である応用心理学のさらに一分野が臨床
心理学であることを多くの医師は知らない（図1）。

　心理士は，'研修医もどき'ではない，専攻している学問が違うことをお
互いに認識し合うことが，お互いを尊敬し合うことにつながり，ひいては
チーム援助へつながるのではなかろうか，専攻している学問が違うというこ
とは，それぞれ得意な視点があるということであり，複数の援助者による多
角的な情報が援助へと集約されるとき，チーム援助の真価が発揮できる。矢

心理士から医師に知っておいて欲しいこと・医師から伝えて欲しいこと 125

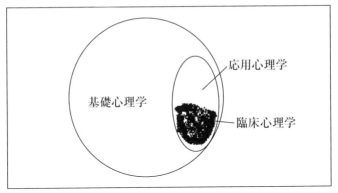

図1　心理学の全体像

永（2001）も同様の論述を行っている。

むろん，視点が違うだけでは困るのであって，どのスタッフもおのおのの視点に基づいた理解を，他の職種に平たい日本語で説明するよう努力しなければならない。専門用語で煙に巻くのは，自分がその事柄を本当に理解していない証拠である。この点については，成田（2001）が詳述している。

3. 発達心理学（developmental psychology）の視点とチーム援助

この仕事を始めた当時，以下のような会話が日常的であった。

筆者：ひきこもりの人がいて親御さんが心配しているんですが。
精神科医：統合失調症だろ〔断言〕。

統合失調症かもしれない。しかし，そうではないかもしれない。ひきこもりが発達の一過程の人もいるのである。精神科医療は良かれ悪しかれ統合失調症が中心であった。精神科医は慢性で重篤な精神病者と毎日接している。それは職業柄，当然なことなのであるが，自分がきわめて細い筒のような視点で相手を見ているのだという自戒に欠けるとき，上述のような不幸なことが起きる。視点が狭いということを揶揄しているのではない。おおよそ専門

の領域になればなるほど視点は狭くなる。それだからこそ見えてくるものがある。しかし、そのことを専門職者として自覚していて欲しい。前出の会話が、次のようになることを期待している。

筆者：ひきこもりの人がいて親御さんが心配しているんですが。
精神科医：統合失調症かもしれないし、抑うつだったり、強迫傾向があるのかも。それとも、何か発達の問題かも。ともかく、詳しいことがわからないと判断できないよね。午後外来で親御さんと会ってもいいよ。

　余談になるが、「詳しいことがわからないと判断できない」と普通に言える医師は意外に少ない。医学教育のなかで「わかりません」と言わないように習慣づけられているようである。患者や家族が不安になるから言わないように、禁句として教育されているのであろうか。しかし、医師が水晶玉占いのように一言で全部を見通せると思っている国民が現在どれだけいるだろうか。ましてや、スタッフに対して「わからない」ということは恥ではなく、むしろその医師の思慮深さを示すと思うのだが、読者のご意見はいかがであろう。
　本題に戻って、心理士の特徴として、その視点の基礎に発達心理学の視点があることが大きい。発達（development）とは、人の身長が伸びることや体重が増えることに代表されるような量的な変化（これを心理学ではgrowth: 成長と呼ぶ）だけでなく、内面的な変化や質的変化を含む用語である。心理学を学んだ人なら発達過程の一時期に、実に多くの人が抑うつ的になったり離人的になるかという事実を知っている。だから放置してよいと言っているわけではない。健康な人の発達過程をよく知っていると、長期にわたって精神病院に入院している患者さんを多く見続けている精神科医とは、おのずと視点が違ってくる。繰り返すようであるが、違う視点や技量をもつ人たちが集まって、ある課題に対処していくことこそ、チーム援助である。

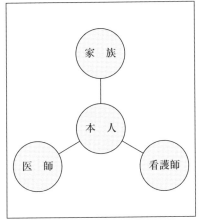
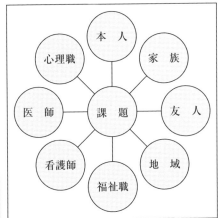

図2　従来いわれていたチーム医療　　図3　実際のチーム医療

　私が医療現場に入った頃は，チーム医療を図2のようなモデルで教わったように思う。しかし，実際のチーム援助は，図3が正しいのではないだろうか。「課題」(task) とあるのは，それが'症状'でも'病気'でも'悩み'でも'問題行動'でも困っていることなら何でもよい。困っていたり不利になっているのはご本人であり，ご本人も何とかしたいと願っていて，その力なしに課題は解決しえない。この図3のような考え方を心理学では「外在化」と呼んでいる。なお，図3で示されている職種は少ない。実際には，もっと多くの職種が援助にかかわっている (津川, 2000)。それはよく承知しているが，総合病院の職種となると，かなりの数があるので，精神科に関係が深そうな職種にとどめたことをご容赦いただきたい。

II　医師への期待

1．微妙なところの診断の腕

　幻聴があって妄想があれば，精神医学を知らない一般市民でも，その人が何かしらの精神的な変調をきたしているのだろうと推測できる。ところが，

幻聴や妄想などがなく，陰性症状主体の精神病は素人には判別がつきにくい。その人が精神病に罹患しているのか，いないのかでは，援助方法に大きな違いが出てくる。こういった微妙なところを的確に診断できる腕を医師に期待している。

ある人物がこう言ったとしよう。「何だか考えがひとりでに沸いてくるみたい」。精神科医ならすぐに自生思考を疑うだろう。一般市民には雑念との違いがわからない。ここら辺を的確に診断できる腕である。ある患者が「考えがひとりでに沸く」と言った＝自生思考，ではない。言葉尻の問題ではないはずである。思考障害に関する本質的な見立て能力の問題である。この種の腕を磨くには，ただ長く医師をやっていればよいとは思えない。多くの一般市民は年齢がベテラン＝腕が良いと捉えやすいが，それは不幸な誤解である。微妙な症状を丹念に拾い，自分自身で考え，他の人に問い，といった自己研鑽を続けていて初めて得られる臨床能力であろう。

2．的確な薬物療法と，処方の根拠について説明する姿勢

ひきこもりがちだった男性（24歳）がハロペリドール（HPD）の大量投与により入院2カ月後に循環器不全で死亡したケースをはじめ，最近，「安易な薬漬け」が新聞記事をにぎわすことが多い（2003年1月23日付，毎日新聞）。

薬物療法は医師の独壇場なので，当然ここに期待すること大である。

これも，筆者がこの仕事を始めた当時の会話である。

筆者：あの，心気神経症の○○さんにメジャーを出されているのは，何をねらわれてのことでしょうか，教えて下さい。

精神科医：私は医者だ。医師を信じろ。

筆者：……。

おおよそ，「医師を信じろ」とか「医師の責任」とかいう言葉を医師が心

理士に言うときは，本人が怒っているときである。「裁量権」などという単語が飛び出すときも同様である。そして，この例で筆者が怒られた理由は，薬物療法について質問したからである。

　抗精神病薬は思考に大きく影響するので，それが処方されていれば，心理カウンセリングに大きく影響を及ぼす。担当心理士としては確認する必要がある。抗精神病薬に限らず心理状態に影響を及ぼす薬物は多い。それなのに薬物療法について医師に質問をすると怒られてしまうという体験を積んでいくと，臨床で大切なことを質問をしない心理士が育成されて行ってしまう。そのことで一番被害を被るのは患者である。

Ⅲ　医師から心理士へ伝えて欲しいこと

1．薬物療法の変更
　カルテや看護記録に目を通さない心理士は問題外である。眠前薬の量をわずかに変更したからといって，いちいち担当心理士に伝えろと言うつもりもない。しかし，神経症圏かと思っていたが，精神病圏らしいので，大幅に処方を変更したが，院内でいつも会う担当心理士には何も伝えなかった，というようなことがザラであり，こういった場合にぜひご配慮をお願いしたい。

2．援助（treatment）
　月曜日に心理士が面接して，火曜日に医師の診察を受けたら，水曜日にデイケア見学に行っていて，次の月曜日の心理面接がデイケア初日でキャンセルになり，心理士は何も知らない，などという事態もザラである。医師が判断する結果は何でも良いのであるが，事前に一言でも相談するか，せめて事後報告して欲しいと願う。

　数年間担当していた統合失調症の患者が，自動車事故により他院へ入院し，久しぶりに戻ってきたので，筆者（心理士）との面接が再開されるかと思っていたら，別の心理士へ依頼され，そのことについて何の報告もない，とい

うような事態もザラである。医師が別の心理士へ依頼するのは自由であり，理由があってのことであろう。しかし，医局で雑談していても一言もなかったりする。こちらから聞くと，ただ「そうだよ」程度で終わってしまう。これでは，患者にとっても担当心理士との別れという重要なテーマが突然やってきて，そのことについて注意深く扱われないということになってしまう。これらの例は，医師と筆者の関係が主観的にも客観的にも，すこぶる良い場合でもそうなのである。

一方で，チーム援助が自然体で身についている本当に良い医師と組めると，医療のなかで働いている幸せを感じる。各スタッフを信頼して担当業務を任せるという度量があり，そして，どんなに忙しくても援助の大切な節目では必ず声をかけてくれ，医師として自分の意見を簡潔に述べ，心理士としての意見を聞いてくれるような医師である。こちらも自然に心理カウンセリングの流れを報告する足どりが軽くなり，振り返ってみると普段より頻回に報告していたりする。にわかには判断しづらい症状や問題を一緒に考えている時間が，患者や家族には大変失礼な表現になってしまうが'楽しく'感じられ，その医師と一緒に仕事ができなくなった後も，そのような医師が存在するという事実が心理士としての私を支えてくれる。

おわりに

筆者は，医師・看護師・福祉職・言語聴覚士・作業療法士・理学療法士など，多くの職種と一緒に働いている。そして，普段，医師に辛口のことを言うことは，まずない。その私がこの依頼原稿を書いたのである。心臓バクバクの状態で校了することになる。書いたのは，ひたすら患者とその家族のためである。不適切な表現があるかもしれないが，その心意気だけは読者に汲んでいただきたい。

また，本稿とは逆に「医師から心理士への提言」が本特集でもなされるであろうし，今までも多くの医師が貴重な提言をしてくれている（たとえば，乾，

ほか・編，1991 や山中，ほか・編，1998)。それらに心理士が謙虚に耳を傾け，今後もチーム援助の一員として精進を続けて行くのも当然のことである。

さて，林（2000）によれば，東京都医師会のアンケートにおいて，各関連職種の「仕事内容がわからない」という回答がもっとも多かったという。医師に限らず，お互いがお互いを知ろうとし合うことから始まって，職能人として真の協働（collaboration）ができるようになってゆくのであろう。その意味で，心理士を知ろうとして下さった本特集は意義深く，器の広い本誌編集委員会に感謝申し上げたい。

（精神科 2 巻 6 号　2003 年　43 歳）

文　献

Eysenck, M.W.（2000）Psychology—A student's handbook UK: Psychology Press.

林泰史（2000）「チーム医療」橋本信也，紀伊國献三，出月康夫・監修『医療の基本 ABC』日本医師会 , pp.194-195.

今田恵（1962）『心理学史』岩波書店.

乾吉佑，飯長喜一郎，篠木満編（1991）『心理臨床プラクティス　第 3 巻　医療心理臨床』星和書店.

成田善弘（2001）「提言　医学医療の全体牲を回復するために臨床心理士に望む」成田善弘・監修『医療のなかの心理臨床』新曜社，pp. 273-81.

津川律子（2000）「総合病院精神科の心理臨床から」『医療保健福祉領域に於ける臨床心理士の課題 2』東京臨床心理士会，pp.18-23.

山中康裕，馬場禮子編（1998）『心理臨床の実際　第 4 巻　病院の心理臨床』金子書房 .

矢永由里子（2001）「チーム医療と臨床心理士」成田善弘監修『医療のなかの心理臨床』新曜社，pp. 1-6.

さまざまな領域における多職種協働＝チームワーク

I　多職種協働とは

　タイトルになっている「多職種協働」（multidisciplinary collaboration）（津川・岩満，2011）には，日本語も英語もたくさんの類語や類似概念が存在するが，その実際の取り組みについては各々の創意工夫に委ねられているのが現状であろう。日本語の「多職種」は，多くの職種という意味でわかりやすい。multidisciplinary という英語には，多くの学問が総合的に協力するという意味が含まれている。

　collaboration は「協働」と訳されることが多く，cooperation は「連携」と訳すことが多いが，そうでないことも少なくなく，邦訳も確定しているわけではない。collaboration（協働），cooperation（連携），coordination（調整）などの関連する用語や概念は，実際のところ，多くの対人援助職間で共通に用いられるような明確な定義が確立しているとはいえないのが現状であろう。このことは，実践現場でより良い協働や連携を模索していく過程で用語の定義や概念が形作られ創造されてきたことに理由がある。他方で，概念を整理しようとする試みが日本でも行われており，たとえば，吉池・栄（2009）は，「同じ目的をもつ複数の人及び機関が協力関係を構築して目的達成に取り組むことを『協働（collaboration）』」とし，「協働を実現するためのプロセスを含む手段的概念を『連携（cooperation）』と考え，「『連携』概念の可

視化された実態として『チーム（team）』」を想定している。

今後も，対人援助専門職間で共通に使われる協働や連携に関する用語と概念の構成が行われていくであろう。

Ⅱ　心理専門職における連携

公認心理師法では，第42条で「公認心理師は，その業務を行うに当たっては，その担当する者に対し，保健医療，福祉，教育等が密接な連携の下で総合的かつ適切に提供されるよう，これらを提供する者その他の関係者等との連携を保たなければならない」と規定されている。公認心理師に限らず，連携や協働は必要ないと考える対人援助専門職は現在ではあまりいないであろう。支援の目的を共有する状況では，どの職種もそれぞれの専門性の違いを越えて「連携は大切」「協働しよう」となるであろう。法律で連携が規定されていなくても，倫理規定などで連携を義務づけている対人援助専門職は多く存在している。

そして，連携や協働という比較的，最近流行っている用語にこだわらなければ，チームの必要性やチームワークの大切さに関しては，古今東西，数多の人たちが考えてきた。しかし連携や協働のあり方そのものの定式化には至っていない。上手くいったチームは事例として記録や記憶に残っていても，その本質が何であったかはまだ十分に整理されているとは考えにくい。あるいはこうした営みを理論化する作業もまだあまり行われていないように思う。筆者が理論化の必要を感じるのは，連携や協働を単なるスローガンや個々人の臨床センスといった話に終わらせないためである。どの対人援助職でも次に述べる教育（体験学習を含む）に連携や協働が取り入れられるために，「現場で得られたものを緻密に理論化していく研究と，対人援助に関わる多くの職種で共有・応用できる訓練方法の開発」（津川，2016）が望まれる。

Ⅲ　連携に関する養成教育

　対人援助職における最初の経験は，職場に出る前の養成校における学習体験にある。具体的には，Interprofessional Education（IPE/専門職連携教育）が養成校の初年次から行われることが望まれる。そして，多職種が"同じ場所で同じ時を共有して"学び合うことが彼らの将来の連携実践にとって有効であると思う。公認心理師に限らず，どの職種においても教養やその職種としての専門性を高める教育のみでなく，入学した初年度に異なる職種を目指している学生たちと1日でもいいから一緒に課題に取り組む実習教育があるとよい。自分たちの専門教育の"後で"連携教育を考えるのではなく，専門職を目指して入学した早い時期に行うことが肝要と思う。フレッシュな感覚で関係職種と自分が目指す職種との異同を体験すると，目指す職業の輪郭がクリアになると思う。もちろんこうしたIPEの効果研究も必要であろう。

　加えて，IPEが行われる場合は，その養成校が置かれている地域内の，異なる対人援助専門職が教育のために参集することになるので，地域連携が進む契機になる。養成校においても目に見えないメリットが大きい。地域密着型のIPEが対人援助専門職養成の鍵になる日は近いのではないだろうか。ちなみに，WHO（2010）も"Interprofessional Education and Colaborative Practice"を奨励している。

Ⅳ　連携実践としてのカンファランス

　職場に出た後は，実践そのものが連携である一方，連携の場としての"会議"が大切になってくる。"会議"の名称も，事例検討会，症例検討会，ケースカンファランス，処遇会議，処遇検討会議，指導会議，ネットワーク会議，ケア会議，ケアカンファレンス，ケアプラン会議，サービス調整会議，サービス担当者会議等々，施設によっても地域や活動領域によってもさまざまな

ものがある。名称はともかくとして，ここでいうカンファランスを「対象（個人だけでなく家族等を含む）の支援を中心的な課題とした異なる複数の対人援助専門職を含む関係者の会議」とくくれば，公認心理師法第42条で書かれている「保健医療，福祉，教育等」における会議をイメージできようか。

　地域の心理相談室を一人で経営している心理専門職であったとしても，その心理相談室は地域にあり，対象者は地域で生活し，関係者がいる。公認心理師が活動するには地域が大切であることは論を待たない。「チーム学校」「チーム医療」など，「チーム○○」は増え続けており，これらを元永（2015）は「コミュニティ・チーム」と総称している。

　カンファランスは，それがある施設内の会議であっても地域の会議であっても，「むしろ，意識的に意見の異なる多様な専門家を集める」（野中，2014［p.11］）ことが大切で，通常は，①該当事例の主報告者，②司会者，③記録係，④参加者がいることになる。この役割が固定化している会議が少なくない。特に，指導的な立場の専門家が司会を務め，どのケースでも持論を展開するといったこともあるが，それはチームでの会議というよりも，個人による思想教育に近くなってしまう。誰が司会を務めるかは大切で，チームを育てるためにも司会は特定の人や職種ではなく，交代したほうがよい。交代しにくいとすれば，それは相手が雇用者であったり，人事権をもっていたり，年長者であったりなど，さまざまな力関係が作用することによるものと思う。連携する文化を育てるためにも，前述のIPEで多職種が"同じ場所で同じ時を"共有して学び合うことを通じて，開かれた会議の空気を初期から体験的に学んでおくことは，意味あることになろう。

　カンファランスは，各自の能力（competency）を育てる場でもあり，それぞれがもてる能力を発揮できる場でもある。

V　連携におけるマネジメント能力の必要性

　多職種協働や連携のためにはマネジメント（management）能力が必要で

ある。マネジメントという言葉からは，経営や組織と関連するイメージをもつと思う。実際，「運営管理」と訳されることも少なくない。心理学分野では，主に産業・組織心理学が研究してきた分野ではなかろうか。臨床心理学分野では，アンガーマネジメント，ストレスマネジメント，リスクマネジメントといった用語には馴染みがあるだろう。加えて，たとえば，力動的な見方を個人でなく組織に適応することで，上手くケースマネジメントができる実践家も少なくないだろう。ケースワークとケースマネジメントの違いは福祉学の得意領域であろうが，連携のためにはどの対人援助専門職においてもマネジメント能力が必要である。ところが，マネジメントくらい OJT（On-the-Job Training）以外で学ぶ機会が少ない能力はないのではなかろうか。字数の関係で，ケースマネジメントの重要性に関してこれ以上はふれられないが，心理専門職におけるマネジメント能力の育成について検討することは喫緊の課題と思われる。

VI 架空事例

　ある男性（A 氏）は，子どもの頃に大病をし，何回かの入院生活を含めて10 代までの多くの時間を B 病院で過ごした。小児科の主治医や看護師に懐^{なつ}き，病気そのものはゆっくりと改善していったが，多くの時間を病院内で過ごしたため，情緒的な発達の遅れを心配した主治医から，臨床心理士 C に紹介された。10 代の後半だった A 氏は，C に紹介されたことで，主治医をはじめとする小児科スタッフに見放されるのではないかという不安が強かった。家庭では一人っ子で，子どもの少ない都心に居住していたため，近所の幼なじみも少なかった。両親は，A 氏が C と会うことに，表だって拒否的ではないが期待している様子もなかった。

　C 自身が医療機関の中で A 氏と会っていたため，医療外の人間関係ももてるように，MSW（Medical Social Worker ／医療ソーシャルワーカー）と相談のうえ，地域の保健師につないだ。A 氏とウマの合う保健師に担当し

てもらえるようになり，A氏は少しずつ成熟に向かうかに思われた。それを見届けたCは病院外へと転出した。そんな矢先，A氏が交通事故の目撃者になるという事態が起こり，目撃証言に関する警察官を含む関係者とのやり取りの中で不眠や抑うつ気分が出現し，それを心配した母親が少し遠くの精神科病院に受診させた。A氏は入院を希望していなかったが，入院を提案され外来で暴言を吐いて抵抗し，医療保護入院となった。隔離・拘束された数日間の屈辱がA氏のこころを大きく占めたまま退院し，A氏は二度とその病院に行こうとはしなかった。この頃，定年退職した父親が転居を考え，一緒にA氏も別の地域へ行くことになり，馴染んだ土地，信頼を寄せていた保健師，医療機関などから離れることになった。

　こうした経過を背景に，A氏はCがいる医療外施設を訪れるようになり，入院生活における屈辱を語り続けた。A氏が転居した地域は，以前の居住地よりもメンタルヘルスの支援が盛んではなく，医療や福祉関係の施設は拒否して，不定期アルバイトを選び，唯一の趣味に近い愛犬との散歩にいそしんでいた。すでに中年にさしかかっていたので，ここは頑張りどころとCは考え，A氏と両親との話し合いのうえ，A氏の望みであった専門学校に行くことになった。しかし，インターネットの情報以外に，どの専門学校がメンタルヘルスの手当てを含めて現実的によいのかという情報が得られなかった。そこで，Cは予備校に勤務している同業者を通じて進路相談に熱心な元教諭にA氏へのアドバイスを依頼し，A氏は希望する専門学校を選び出して入学した。

　学校生活は予想以上にA氏にとって幸せな時間となり，交流会などにも参加するようになった。卒業すると仲間とも次第にバラバラになったが，この時に知り合った女性と籍は入れないが同居するようになり，子どもがほしいと願う日々である。地元で生活の様子を見守ってくれる人物の必要性をCは認識し，NPO法人のソーシャルワーカーに依頼して，A氏と実質的な妻の様子を時折，気にかけてもらえるようになった。Cのところに尋ねることは少なくなり，たまに「生きていますか？」「転勤していませんか？」といっ

た短い電話がある。

　A氏のケースでは，小児科医と臨床心理士，MSWと臨床心理士，保健師と臨床心理士といったように，対人援助専門職が個々につながっている。多職種協働やチームワークといった視点でみると，全体としてチームでA氏やその家族を地域で支えているとは言い難い。しかし，個別的ではあるが連携は存在している。A氏に限らず，ライフサイクルの各シーンにおいて必要な職種（前面にたつ職種）や関わり方は違ってくる。はじめから理想的なチームを考えるというよりは，①必要とするタイミングを見逃さず，②適切な社会資源をみつけるために日頃から関係職種と交流をもち，③連携している相手が動きやすいような立ち位置で，④目立たなくとも本人と家族を支えるような実践を続けるのが，心理専門職ではないだろうか。

（臨床心理学臨時増刊　公認心理師　2016年　56歳）

文　献

元永拓郎（2015）「新しい資格「公認心理師」は心の健康に寄与するか？」こころの健康，302；20-27.

野中猛（2014）『多職種連携の技術（アート）―地域生活支援のための理論と実践』中央法規出版.

津川律子（2016）「公認心理師の活躍が期待される職域・活動（総論）」野島一彦 編：こころの科学（公認心理師への期待），日本評論社，pp.74-77.

津川律子，岩満優美（2011）「チーム医療／多職種協働／臨床心理士の役割と専門性」臨床心理学11-5；762-765.

吉池毅志，栄セツコ（2009）「保健医療福祉領域における「連携」の基本的概念整理―精神保健福祉実践における「連携」に着目して」桃山学院大学総合研究所紀要，34-3；109-122.

WHO（2010）Framework for action on interprofessional education and collaborative practice.（http://www.who.int/hrh/resources/framework_action/en/

【事例から学ぶ③】 いじめに遭い自殺を試みた子

【事例の概要】 父親が高等学校長を務め，再婚後の一人っ子である中3のY君は，小柄でおとなしいのですが，成績は群を抜いて優れています。ところが同じクラスには，運動部に所属する3人のいじめっ子グループがいて，物を投げる，足げりをして倒す，教科書やノートを隠す，下敷きやカバンに落書きをするなどして，Y君をひどくいじめます。Y君はとうとう中3の5月から半年間，登校拒否になってしまいました。それでも家庭ではよく勉強し，中間・期末などの定期試験のときだけは出席して受験し，以前と変わらず優秀な成績を修めていました。ところが12月の期末試験後の雨の降る日，Y君は自宅の庭で首つり自殺を図りましたが，幸いにも発見が早かったので一命をとりとめました。今後はどうしたらよいでしょうか。

対応のポイント

①学校側（教師）と養育者（両親）が連帯しつつ役割分担すること。

②精神保健の専門家に相談すること。

③むやみに励まさないこと。

I 【事例】の分析

一命をとりとめたものの，首に残る跡も生々しく救急病棟のベッドに横たわっているY君のような方とお会いするのが筆者の仕事（病院臨床心理士）の一端である。縊首（首吊り）は既遂率の高い（本当に亡くなる率の高い）

自殺企図（自殺の実行）の代表なので，Y君が助かったのは単に運がよかったに過ぎない。この自殺企図を演技や試しと捉えないでほしい。

　短い事例で情報不足だが，少し分析を試みよう。発達状況も家族の詳細もわからない。「再婚後の一人っ子」とあるので，大切に養育されたことが連想されるが，中3になるまでのY君に関して情報は乏しい。学校の雰囲気もわからない。おとなしい子で成績抜群ゆえに嫉まれたことが，凄惨ないじめの背景にあっても不思議でない。

　「登校拒否になってしまいました」との記述が気になる。積極的に登校を「拒否」しているのではなく，登校すると凄惨ないじめに遭うので仕方なく自宅で勉強していたのである。せめて，「仕方なく不登校状態に陥りました」といった記述をしたい。無造作な「登校拒否」といった表現や視点がY君を傷つける温床となりやすい。

　Y君の自殺企図は突然に見えるかもしれない。しかし，おそらく希死念慮（死にたいという気持ち）は登校している頃から脈々とあって，ただ自殺企図だけが周囲の人々に突然のことと映っただけである。少なくとも自殺企図の前の数週間〜数日は，不眠・食欲不振・倦怠感・抑うつ気分など，いわゆる抑うつ状態にあったと筆者は連想する。少ない情報からであるが，一番疑うのは，いじめなど（他に何があったかまだわからない）を契機とした抑うつ状態から深刻な自殺企図に至ったという流れである。

Ⅱ　具体的な対応

　具体的な対応として，第一は，業務上の報告や連絡だけでなく，自分の勤務している学校にスクールカウンセラーがいればできるだけ早く報告したほうがよい。対応を一緒に考えてくれるだろう。

　スクールカウンセラーがいなければ，Y君が運ばれた病院に精神保健相談（精神面の相談）を受けられる職員（精神科医・臨床心理士など）がいるかどうかである。Y君担当の救急外来医に聞けばすぐにわかる。その際，養育

者（多くは両親）が前面に出るべきで，教師はむしろ側面から両親を支え，医療関係者から要請があったときに応じたほうがよい。救急外来医は養育者が依頼すれば精神保健相談を受けられる職員に院内連絡をしてくれる。

　身体的損傷が軽く，すぐに退院となった場合でも，十分な休養が必要である。不眠や食欲不振は大切なサインなので養育者が注意して見守りたい。薬物療法は進歩しているので，入院中に精神保健相談を受けられず，退院後も不眠や食欲不振があれば，ぜひ神経科を受診したい。自宅から通える範囲の神経科を知らなければ，地域の保健所に問い合わせると教えてくれる。

　スクールカウンセラーもいず，医療関係の相談や受診にも縁がなかった場合は，教育相談所（室）・教育センター・児童相談所など，地域にあり無料で相談を受けてくれる機関に相談する。教師が普段から信頼できる担当者を見つけておくと緊急時は重宝する。「〇〇相談所の××先生に今後の相談にのってもらったほうがよいと思います。料金は原則として無料です。あらかじめ電話を入れて時間の予約を取ってください。秘密は守られます。電話番号は〜」といった両親に対する情報や知識の提供が大切で，実際に相談所を訪れるのはY君と養育者である。

　教育相談所であれ神経科であれ，養育者は「お前を見ている自分のほうが心配でたまらないから」と正直にY君に話し，カウンセリングや治療を受けるよう勧めたい。最初は両親が同伴して行ったほうがよい。Y君が嫌なら無理強いせず，両親だけでも相談に行くようすすめる。いずれにせよ，養育者の要請によって精神保健の専門家が関与する場面なので，教師が熱心なあまり抱え込んだり，一人で立ち往生しないことが肝心である。

　入院中でも退院してからでも，教師がお見舞いに行き，Y君が会ってくれた場合は，「一時の突発的な気の迷いから（自殺しようと）しただけで，もう大丈夫だよな，二度としないよな！」などとむやみに励まさないでほしい。Y君はがんばってきた末に疲れ果てているのである。これ以上がんばれと励ますと逆に追い込んでしまう。「どうして自殺しようとしたのか」という素朴な疑問も，直接「どうして？」と問うと，Y君のほうは責められている印

象が強くなる。Y君と会ったら「今度のことを聞いて先生は本当に驚いた。心配している。身体の具合はどう？」といった内容の誠実な対応をしたい。

Ⅲ 今後の課題

卒業していじめグループから離れればすべて解決するということではない。心の傷が強烈にある。自殺未遂でいっそう自信も失っている。それなのに，現実には高校受験が間近である。養育者も担任教師も動揺し疲労している。課題は多いが，生き残ってくれた故の課題である。

学校側はY君をいじめていた3人グループへの対応という大きな課題がある。それこそ学校にしかできない大切な役割である。

残念ながら，紙幅の関係で限界となった。最後に，Y君のような事態になる前に予防することこそ，私たちの最大の課題である。

（『スクールカウンセリング読本』教育開発研究所　1996年　36歳）

臨床心理士が心理面接を行うことの意味
——サイコセラピーと心理カウンセリング——

はじめに

　筆者は心理職者（心理職にはさまざまな呼称があるが，それを検討する論文ではないので，代表的な名称として本稿では，以下，臨床心理士と表記）であるが，二十数年にわたってチーム医療の一員として精神科臨床に携わっており，薬物療法によっていかに患者の症状が改善するかを日々実感し，精神科治療の主体が薬物療法であることを十分に認識している。

　とはいえ，精神科医療には bio-psycho-social spiritual な視点が必要であるのに，実際は bio-bio とバランスの傾いた現場も少なくはない。宮岡（2004）は，次のように指摘している。「若い研修医をみていると，多くの精神疾患において，DSM で診断をつけ，治療アルゴリズムによって向精神薬療法を行い，それでも改善しない場合にはじめて性格や環境に働きかける傾向が強くなっているように思う。極端な場合，向精神薬が効かないだけで，精神療法やカウンセリングと呼べるアプローチはほとんどないまま，難治症例であると納得し，治療におけるみずからの技量不足が棚上げされることもある」。

　精神医学において，生物学的研究と精神病理学が相互に触発し合いつつ発展することは神庭（2005）の論文でも示されており，「個別性の理解を深め，それぞれに最適の治療を結びつける tailored psychiatry の実現に精神病理と精神療法の関与は不可欠である」（広瀬，2005）といった的確な指摘が存在

するものの，それらが若手精神科医に浸透しているのかに関して不安要素は残る。

　本特集の他稿では，ベテランの精神科医たちが同じ医師としての立場から精神療法の教育について論考するであろうから，筆者の役回りは，精神科臨床に愛着をもつ臨床心理士の一人として，特集のテーマである「精神療法の教育」と絡めて若手医師に若干のことを伝えることにあろう。

I　カウンセリング，心理カウンセリング，心理療法

　化粧品を選ぶ際に専門の美容部員がいて「カウンセリング」をするように，一般に，専門家に相談することを「カウンセリング」といい，経営が厳しいラーメン店の立て直しを専門とするカウンセラーもいると聞く。一方，相談する方を「クライエント」といい，カウンセリング場面だけでなく，企業人が自分の顧客に対して使う日常的な用語になっている。

　こういった「専門家に相談する＝カウンセリング」から一歩出て，心理学を土台とした相談のことを psychological counseling ＝心理カウンセリングといい，心理的な問題に対して「充分に話を聴いてくれる」というのが一般的な理解であろう。日常生活で，利害関係の少ない友人や信頼する家族に思いのたけを話すと，気持ちが少し軽くなるという現象（主として安心感をもたらす関係性とカタルシス効果）を多くの人は体験しているが，それと同じことを期待されているのが「心理カウンセリング」であり，精神科医以外の多くの医師も，この一般的イメージを持ち続けていることが推測される。その証拠に，総合病院に勤務していると，「本人がいろいろ話したいみたいだけど，自分は外来が混んでいて時間が割けないから，よろしく」とか「ちょっと話を聞いてやって」といった依頼のされ方をする臨床心理士は実に多い。たしかに，医療機関の一般診療場面においては，'カウンセリング' という言葉の方が，患者を紹介する医師の方も，勧められる患者の方も，使いやすい言葉であることは間違いない。

それでは「心理カウンセリング＝心理療法（psychotherapy）」であろうか。患者に勧める際に発する言葉として穏当であるといった便宜上の問題ではなく，本質的にこの二つは同じなのであろうか。この答えは，学問的には諸説ある。しかしながら，若手精神科医が心理療法を体得して行くというテーマを念頭におくと，心理カウンセリングと心理療法はイコールではなく，大きな円（広義）を心理カウンセリングとすると，その中の小さな円（狭義）が心理療法と考えた方がよいと筆者は考えている。その理由の一つを次に論述するが，その前に，psychotherapy の翻訳として，通常，精神科医は精神療法といい，臨床心理士は心理療法というが，どちらも日本語として妥当と思えない面がある上に，本稿ではそれを使い分けることに論文としての意味をもたないので，以下，サイコセラピーと表記する。

　さて，前述のような，安心感をもたらす関係性とカタルシス効果だけで，精神科を訪れる患者の苦悩が解決すると思っている精神科医はもはやいないであろう。サイコセラピーは，何が（主訴／主訴を明確に述べられない場合はその状態が初回における主訴），どうなればいいかをクライエントが要望し，それを精神療法を担当する者が，どこまで（短期・中期の援助目標）どうやって（セラピーのやり方／技法はその一部），どれだけのコストがかかりながら（料金や場所だけでなく心理的・社会的な負担を含めて）といった内容を，クライエントと話し合って援助契約を結ぶ，専門的な関係であり，それらを決める根拠としてサイコセラピー担当者の心理アセスメント能力が重要である。

　このように考えると，中村ら（2000）が指摘しているように，「『話を聞いてあげてほしい』という医師からの素朴な依頼は，心理士の専門性を無視しているようにも思える」，「ただ『ゆっくり話を聞く』ことと心理療法はまったく別な種類の行為であることを心得ておく必要がある」ことが了解されるのではなかろうか。'心理カウンセリング'という言葉が，一般に好感をもって軽く用いられているのは，精神保健領域において益と不利益の両方の存在をもたらすが，精神科医までが安直な'心理カウンセリング'＝サイコセラ

ピーと認識していては，患者がうかばれない。

Ⅱ　臨床心理士への面接依頼の仕方

　それでは，臨床心理士にどう面接依頼をしたら，いいのであろうか？

　日本における歴史からみても（津川，2002），本当のところ臨床心理士の実力はまだ玉石混淆状態にあり，精神科医は各人が出会ってきた臨床心理士によってそのイメージが大きく異なっている。「A臨床心理士だから，このケースは任せられる」「B臨床心理士だから，これは依頼するのを止めておこう」といった判断基準が精神科臨床現場の現実であろう。この玉石混淆状態は医師のみならず精神科看護職の眼からも同様のようである（片岡，2005）。

　このような現実を踏まえた上で，臨床心理士に依頼する際には，可能な限り精神科医の正直な気持ちを伝えていただくのが，依頼目的の理解につながり，受ける側としてはあり難い。「明らかにバイオロジカルな要素が強いうつ病なんだけど，内服や通院も途絶えたことがあって，一人暮らしだし，ともかく内服や通院がきちんと整うまで，心理カウンセリングで一緒にフォローしてもらえない？」「乳ガンで入退院を繰り返していて，アグレッシブな感じで，医師・看護師との関係が悪くなっていて，何度か外来で会ったんだけど，何が背景になっているのか，いま一つつかめないので，心理面接でこじれている要因を整理してもらえるとあり難いんだけど？」「発達障害かもしれないって，自分から受診してきたんだけど，どうもいま一つ診断がつかないので，今までの生活史を取るのも含めて，心理面接で心理士として見立てをしてみてもらえるかな？」「てんかんで発作が完全には治まらないんだけど，薬はまだ工夫するから。学校でよく倒れちゃって，そのことで周りと上手くゆかず，最近は過呼吸を起こしたり，ともかく薬だけでは落ち着かないので，環境調整も含めてお願い」等々，みな筆者が実際に受けた依頼目的の一例であり，実にわかりやすい。

臨床心理士が心理面接を行うことの意味　149

　ところが，境界性パーソナリティ障害，思春期事例，摂食障害などだけが
サイコセラピーの対象であると頑なに思い込んでいる医師も存在する。まし
てや，伝統的な精神分析を背景に，過去の母子関係などを扱い，そこから患
者の洞察を促すようなサイコセラピーだけが臨床心理士の行う面接であると
思っている精神科医も少なくないかもしれないが，精神科臨床においてそれ
は全体のほんの一部である。

　たとえば，身体疾患に対するサイコセラピーの一例として，俳優マイケ
ル・J・フォックス（Michael J. Fox）がパーキンソン病に罹患し，最愛の家
族と一緒に食事をするのさえ避けるような，追い込まれた精神状態から立ち
直った経緯について，本人がインタビューで次のように語っている（毎日新
聞，東京版，2003 年 1 月 6 日）。

　「記者：立ち直るきっかけは何だったのですか」

　「マイケル：93 年暮れにセラピスト（心理療法の治療士）を訪ねるように
なり，少しずつ自分が変わっていった。簡単に地図でたどれるような自己発
見の旅じゃなかった」

　パーキンソン病そのものはサイコセラピーで治るわけではない。しかし，
パーキンソン病に罹患した自分の精神内界を整え，本当の意味で自分の人生
を生きることに，サイコセラピーがいかに有用であったかがクライエント体
験として語られている。

　診断も含めて迷っているのか，診断は確定しているが対処（treatment）
に困っているのか，対処の何に困っているのかを具体的に（感情の調節・分
化・表出の問題，認知の偏り，生活上の問題，病気の理解，周囲との対人関係，
家族・学校・職場など環境要因，自己理解，過去の出来事の整理，進路，能
力の問題，ストレスコーピング等々，あげ出したらキリがない）伝えてほし
い。もしくは診断も対処も困っていないが予後の問題についての心理的支援
を期待しているのか，といったように，担当医として困っている問題さえ明
確にして依頼されれば，疾患や病態に応じて面接を組み立てるのが臨床心理
士の役割であり，稀ならず医師に問われる，サイコセラピーに患者を回す「タ

イミング」も，この「医師として困っている問題点」が最大に関与している
と思われる。

Ⅲ　再び，サイコセラピーと心理カウンセリング

　ところで，たとえば上記の例としてあげた「内服や通院がきちんと整うま
で，心理カウンセリング」は，'サイコセラピー'なのだろうか，という疑
問が読者の頭をよぎるであろう。それこそ，'心理カウンセリング'なので
はないかと感じるであろう。

　この種の面接で，臨床心理士に必要とされるのは，①病態水準の見立て能
力，②細やかな心理アセスメント能力，③精神科スタッフと協働できるだけ
の精神医学知識，④疾患や病態水準に応じて自らの技法を応用できる面接能
力，⑤感染症を含む医療機関で臨床心理面接を行うことに関する基礎知識，
⑥社会資源をはじめとした福祉に関する最低限の知識，⑦院内外で連携でき
る精神保健スタッフの確保，⑧精神保健をとりまく関連法規に関する最低限
の知識および職業倫理の遵守，⑨レセプトなど医療経済に関する知識，⑩傾
聴や共感能力だけでなく，クライエントを一人の人間として自然に尊敬でき，
クライエントの全人生に思いをはせられるような懐の深さ，などである。①
〜⑩を足して，'心理カウンセリング'と呼ぶとしても，これがスーパーヴィ
ジョンを含めた長期の研鑽によって初めて得られる臨床能力であることは一
目瞭然であろう。

　前述した「大きな円（広義）を心理カウンセリングとすると，その中の小
さな円（狭義）がサイコセラピーと考えた方が良い」という構図でいうと，
狭義のサイコセラピーだけをやり続けるのが臨床心理士ではなく，中心とな
るサイコセラピーも無論できるが，むしろ広義の心理カウンセリング（これ
こそ真の支持的精神療法のこと）を臨床場面に合わせて駆使できる臨床心理
士の方が精神科臨床で役に立つ存在であることが伝わるであろうか。大きな
円（広義）の心理カウンセリングは，本当は前述のように安易で簡単なもの

なのではない。むしろ，正反対で，生涯学習を続けて行く必要のあるきわめて専門性の高い領域である。小さい円（狭義のサイコセラピー）の能力がなければ大きな円にも達しないが，小さい円だけでいては，精神科医療チームの一員として働きが不十分になってしまう。臨床現場においては，実質的に心理カウンセリングとサイコセラピーを同義に用いた方が良い（倉光，2003）と指摘している臨床心理士がいるのはこの本質をついているように思う。学問上，心理カウンセリングやサイコセラピーの定義について論考するのは別に意義があるとして，臨床現場における，真の‘心理カウンセリング’の意味を理解していて，‘カウンセリングをお願い’といえる精神科医が一人でも二人でも増えてくれればと願っている。

臨床心理士がサイコセラピーを行うことの意味

　一般市民は精神科治療機関像に，薬物療法のみではなく，心理カウンセリングをともに提供してくれることを望んでいる（奥村・坂本，2006）。このため，心理カウンセリングに力を入れることが現実の集客上，大きな意味をもっている。医療経済が混沌としている現在，病院やクリニックに臨床心理士が存在することの経済的効果も無視できないが，サイコセラピーそのものを医師でなく臨床心理士が行うことの意義も複数ある。

　まず，臨床心理士は，病院において多くの医師や看護師と患者の間で一人もしくは少数であるが，これは医療機関においてだけでなく，小中高校で勤務しても多くの教員と生徒の間で一人であり，産業分野（企業）においても経営者と雇用者の間で一人である。このように，その職業上の性質から臨床心理士は‘狭間’かつ‘少数’で存在する。この板挟みで孤独な状況が，どれだけサイコセラピーで役立つかは，他職種には想像が難しいかもしれない。孤独を経験している患者が，サイコセラピーの上で臨床心理士にその気持ちを投影しやすいといった意味合いだけでなく，何よりも，AとBの中間的存在にあることがサイコセラピーの進歩に寄与するのである。

次に，思春期や青年期の患者のみならず，成人患者にとっても，'医師'という職業のイメージは多くの職業の中でいわゆるエリートである。若手精神科医は「現実は違う！」と否定するかもしれないが，一般庶民が思うイメージはそうなのであって，サイコセラピー上，どうしても心理的上下関係が生じやすい。もちろん，優れた精神科医はその権威をも上手に利用してサイコセラピーを進めるが（内海，2003)，これを取り扱うようなスーパーヴィジョンを繰り返し受けるのは，ごく一部のサイコセラピーに熱心な医師に限られるであろう。臨床心理士は医師に比べれば等身大の存在に近づくので，心理的上下関係の緩和だけでなく，苦悩をもつ人の発達モデルとして適している。

　さらに，医師と患者という二者関係だけで面接が行われているのと，そこに臨床心理士が入り，三者関係を土台とした援助を行うのでは背景となる力動に大きな違いが生じる。筆者自身，ときどき患者にいわれるのが，'主治医がいて，臨床心理士がいて，その二人がいることが良い'といった内容の陳述である。実際の性別とは関係なく，主治医には父親役割が，臨床心理士は母親役割が投影されやすい。そして，難しい患者であればあるほど，精神科医と臨床心理士が組んで臨床を行うことで，サイコセラピーの効果が発揮される。なぜなら，臨床心理士は精神科医が管理医として身体管理や薬物療法をがっちり行っていてくれることに安心感をもち，精神科医は自分だけが一人で抱え込んでいるのではない状況から余裕が生まれるからである。ただし，医師は責任性のきわめて重い仕事をしているため，やや背景に退いて管理医として機能するといった役割には，強烈な不安が呼び起こされてしまう。臨床心理士と組んで仕事をする場合，自分は管理者としてどのような役割を担っているのか'個々のケースについて'一度チェックしておく必要はある。統合失調症者のように，医師としての自分が主役で心理教育を主とした心理カウンセリングは付加的な場合もあるし，逆に医師が身体管理やサイコセラピーの進展をチェックする黒子のような役割に徹するような場合もあろう。

Ⅳ　若手精神科医がサイコセラピーに上達するには

　一般の精神科医が行った問診の過程を聴いていると，いつも思うのは，精神科医の役割である。社会から求められているのは正確な診断と適切な薬物療法であろう。そのため精神科医は問診の中で，実に多くのことを考えなくてはならない。

　「あらら，Dだと思っていたけど，もしかしてS？」「SSRIを増量した方がいいかな？　三環系を少し足すかな？」「ベンゾを抜こうかな，どうしようかな？」「このところ血中濃度を測定してなかった！」といったことが頭の中をよぎりながら患者や家族の話を聞くのが日常診療であろう。

　精神科医には，薬物療法という大きな刀があって，サイコセラピーが小さな刀とすると，両刀使いであるために，どうしてもサイコセラピーの修練が中途半端になることが推測される。長くない問診の間に器質疾患を見逃さず，身体的検索にも気を配り，何より数分後に処方箋をきらなくてはならないのであるから無理もない。これらのことをすべて控えて，カルテに記入するためせわしく動いている手も止めて，一瞬でいいから，頭から雑念を脇に寄せて，患者の話を傾聴するということが現実にはできづらいのである。しかし，やろうと思えばできる。わずか短い時間でも，そうしようとするのと，一生そうしようとしないのでは，雲泥の差が生じる。

　このアドバイスを実行した精神科医がいて，初診で受診した患者からの感想を聞いたところ，以下のようなものであった。「外見は怖い感じの先生だったんだけど，本当に自分の話を聴いてくれたって感じがした。途中，こっちをまっすぐ見て，手を膝の上において，聴いてくれた。それで，一言，『そんなことがあったの。それは大変だったね。』って，言ってくれた。そんな医者は初めて。あの先生のところへ通います」。この患者は，かつて向精神薬による重篤な副作用に見舞われ，数人の精神科医を受診したが医療不信が抜けず，薬物療法によらない心理カウンセリングを希望して筆者のもとを訪

れたのであるが，薬物療法が必要なことは明白であったので，筆者が紹介して前掲の場面となった例である。

　もう一つだけ「コツ」があるとしたら，心理アセスメント能力の修練であろう。DSM に代表される操作診断基準や，伝統的な精神科診断とは別に，心理学的に患者の内界を見立てる練習をするのとしないのでは，これまた雲泥の差が生じるように体験している。ここでは，この心理アセスメント学習の以前に，土台として具体的にできることを一つだけあげたい。臨床心理学関連の学会にぜひ参加してみてほしい。医師は守秘義務があるので参加が比較的容易と思う。一つの口頭発表時間が医学系に比べて長いので，聞いているとイライラするであろう。「それって，主治医が bipolar Ⅱ を見逃しているだけじゃないの？　mood stabilizer を出せば終わりじゃないの？」等々，それが正しいとしても，いつもの精神科医の眼は脇にやって，思い切って思考を切り替えて，事例に浸ってみてほしい。症状を捉えて処方を考えるという日常の繰り返しを，その事例を聴く間だけ止めてみて，「患者」ではない「事例」の世界に入ってみてほしい。こういう体験は非常に貴重と思う。

　池淵（2005）は，新人精神科医の教育について論考する中で次のように述べている。「筆者はやはり，月並みだが人であれ，組織であれ，制度であれ，優れたモデルの存在が大きいように思われる。そこにふれて，時間をかけて価値観が醸成されることが必要だと思う。感情的な価値観と絡めて学習されるものだと思うので，「すばらしい」と感じる中で，学習の契機が生まれる」。'優れた'事例発表を聴き込み，その有用性を実感することが，さまざまな知的学習以前にサイコセラピー能力を養うのに必要である。

おわりに

　最近，日本精神神経学会は専門医制度を開始し，その細則において精神療法に当たっては「研修施設に精神療法を専門とする医師が不在の場合，他施設の医師ないしクリニカルサイコロジストより指導，助言を受ける」と明記

している。ところが，精神科領域に勤務する臨床心理士は，明らかに若手が増えている実感がある。精神科医療を十分に理解し，医師にサイコセラピーを指導・助言できるだけの実力をもった中堅〜ベテラン臨床心理士が精神科医療以外に転出してしまうのを食い止めることは今後の重要な課題であろう。

転出理由の一つとして考えられるのは次の点である。専門職の給与比較表によれば，臨床心理士は医療・福祉分野において，それになるのに費用がたくさん必要なのに，それでいて年収がもっとも安い職種に分類されている（2005：週間ダイヤモンド）。日本臨床心理士会の最新調査でも，主たる勤務先が医療・保健領域であると回答した臨床心理士のうち，月収が20万円'未満'が40.8％も存在する。その上，スーパーヴィジョンを含む研鑽を続けるのに多額の費用を払い続けるので，どう考えても心理職は"清貧"である。それまでして医療領域で臨床心理士を続けているのは，どう考えても，患者や家族に対する熱い思いがあるからに他ならない。

筆者は，自身の体験のみならず，臨床心理士が今まで多くの心ある精神科医によって育てられてきた日本の歴史を思い，精神科医に深い感謝の念を抱いている。それが精神科から離れない理由の一つでもあり，本稿をひき受けた理由でもある。臨床心理士が今後どのように精神科医療の中に存在することになるのか，そしてその先，22世紀の日本の精神科医療がどうなっているのかを自分の眼で確かめてみたいが，それは叶わぬ夢であろう。

（精神科8巻2号　2006年　46歳）

文　献

宮岡等（2004）「向精神薬療法の限界」こころの科学116号；9.

神庭重信（2005）「うつ病の行動遺伝学的構造」広瀬徹也，内海健編『うつ病論の現在—精緻な臨床をめざして』星和書店．pp. 1-23.

広瀬徹也，内海健編（2005）『うつ病論の現在—精緻な臨床をめざして』星和書店．p. iv.

津川律子（2002）「心理士との共同作業の進め方」精神科，1：159-64.

中村紀子，中村伸一（2000）「精神科クリニックにおける臨床心理専門職の現状と課題」松

下正明総編集『臨床精神医学講座 S5 巻　精神医療におけるチームアプローチ』中山書店，pp. 111-118.

片岡美佳（2005）「看護師が語る，他職種の中での心理職」臨床心理学，5；865-70.

倉光修（2002）「アクティブ・オブザベーションのすすめ—個性的アプローチの創造のために」倉光修，宮本友弘編『マルチメディアで学ぶ臨床心理面接』誠信書房，pp. 1-8.

奥村泰之，坂本真士（2006）「受診意欲の阻害要因と促進情報」第 25 回日本社会精神医学会.

内海健（2003）『「分裂病」の消滅』青土社，p. 7.

池淵恵美（2005）「知識・専門技能・治療（援助）態度・倫理の伝達」精神科臨床サービス，;5；11-6.

職業別・会社別・資格別・国内外別給与全比較（2005）週間ダイヤモンド，93（43）；11-67.

鶴光代（2005）第 4 回「臨床心理士の動向ならびに意識調査」結果—第 2 報．日本臨床心理士会雑誌，45；47-64.

津川律子，星野命，辻悟ほか（2006）「日本における心理臨床の黎明期」日本心理臨床学会 25 周年記念誌.

摂食障害への心理援助

I　摂食障害で大切なこと

　摂食障害（eating disorders）は，Anorexia Nervosa（以下，AN と略）と Bulimia Nervosa（以下，BN と略）を中心とした症候群である。AN も BN も邦訳にはいくつかあるが，本稿では臨床に沿って，前者を「神経性食欲不振症」，後者を「神経性過食症」とする。

　摂食障害の状態像は，食行動の異常やボディイメージの障害など一般によく知られており，本稿では繰り返さないが，厚生労働科学研究（子ども家庭総合研究事業）思春期やせ症と思春期の不健康やせの実態把握および対策に関する研究班（2005）による文献は，現在のところ AN に関してスクールカウンセラー（以下 SC）の必読本ではないかと思う。

　さて，本稿で最も強調したいのは，摂食障害は死亡する確率の高い障害であり，この事実を肝に銘じておくことが SC に必須だということである。どんな心理的配慮も，その人が生きていてこそできるのであって「人命優先」という基本を外してはならない。たとえば「追跡期間が長くなるとともに死亡率が高くなり，20 年以上では患者の 20%に至る」（APA, 1993）といった指摘もある。日本においても（厚生労働科学研究, 2005）で主任研究者を務めた渡辺は，AN を「命の危機を伴う難治性の心身症」であると明言した上で，「慢性化し命を落とす児の増加を手をこまねいて見ているわけにはいかない」

と宣言し，学校現場に対して「特に学校は思春期にやせることの危険を生徒に教育し，親の認識を深め，養護教諭，校医，担任，SC らが共通理解をもって取り組んで欲しい」と要請している。実際，AN の生徒が通学途中に心停止で急死したといった悲しい話を今でも聞き及ぶ。AN の生徒を毎日みていると，痩せていてもそれが周囲には普通のことに見えてしまうのかもしれないが，生徒が死亡しては取り返しがつかない。摂食障害では「AN と BN の両者の症状が混在していることが多い」（坪井ほか，2006）ため，SC が出会ったときの状態像が BN であっても，過去に AN 歴が存在する場合があるので，油断は大敵である。

Ⅱ　SC としてできること

「神経性食欲不振症の少女が入院に至るまでは，しばしば，長い歳月が必要で，定期身体計測が少女の健康管理に活かされていない」（松尾・安蔵，2001）という指摘のように，健康診断における体重データは残念なことに援助へと十分に活用されているとはいえない。その上，摂食障害の生徒は自分から援助を求めてくることが少ないので，養護教諭との連携がことさらに大切である。AN にせよ BN にせよ，摂食障害の疑いがあれば，養護教諭や担任と協力し，放置しない。世の中，'自己決定権' でうるさいが，我が子が肺炎で死にかけていたら，本人がむずがっても病院へ連れて行くであろう。それと同じであって，未成年者で摂食障害の疑いがあるのに放置しておくことは，「肺炎ぽいけれど，生徒が希望しなかったから放置しておいた」と主張しているようなものである。

　しかし，もちろん，本人や保護者に説明しなければならない。何を説明するかというと，医学的な加療を受ける必要性についてである。摂食障害は生命の危険があるだけでなく，脳を含めた身体的なダメージを持続的にもたらしてしまう。たとえば「視床下部・下垂体領域だけでなく，海馬，前頭葉など，脳の広汎な領域に，機能や構造の異常」が認められ，「脳萎縮の研究では非

可逆性のリスクが報告されている」（厚生労働科学研究，2005）。身体的なダメージに関しては堀田（2005）に詳しいが，低体重・骨粗鬆症・歯エナメル質障害・性腺機能等々，枚挙にいとまがない。骨粗鬆症ひとつとっても「たとえわずか数カ月間でも無月経をきたすと，回復不能な骨粗鬆症が潜在的に促進され，病的骨折を高率に生じる」（坪井ほか，2006）など，生涯にわたって影響が残ってしまう。このようなエビデンスをもとに，養護教諭と協力して説明に務めたい。

　よく聴いても BN のみで，病的なやせ状態に見えない生徒であったとしても，BN には抑うつ状態が潜んでいる可能性が高い。BN に SSRI が効くのは偶然ではない。ただ，本人自身もそのことを意識化していないことが多い。しかし，話を聴くと，動物のようにむさぼり喰う自分のことをどんなふうに感じているかが切ないほどに伝わってくる。BN のみの生徒の場合，身体的なダメージだけでなく，過食の背後にある心理を汲み取れる SC が医療に紹介する方が援助に繋がりやすいだろう。

　さて，保護者に説明する際，母親だけでなく父親にも同席してもらうと予後に良い影響を与えるというのが筆者の体験である。母親が，父親は忙しくて学校に来られないと強調したり，父親の無理解を主張するかもしれない。しかし，どんなに多忙な父親でも 1 回は学校に来てくれるし，必ずや父親は父親なりの意見をもっている。SC は女性が多いので，母親の気持ちに共感しやすく，結果として父親を援助の最初から排除してしまっているケースを散見する。また，考え方が偏っているような保護者であったとしても，それをむやみに否定せずに，医療へとつなげることが SC の役割であろう。たとえば「タレントの○○に憧れていて，それで真似してダイエットしているだけですよ」といった意見であったとして，もしそうであったとしても，医療機関に受診することが必要なことを説明する。熱心な教諭ほど「本人が病院受診を希望していないのだし，学校で何とかできないのか？　SC もいるんだし」と考えがちであるが，間違っても，最初から学校現場だけで摂食障害疑いの生徒たちを抱え込んで'治療しよう'などと考えないことが肝要である。

医療機関に繋がったとしても，もちろんそこで終わりではなく，学校にできることは数多くある。多くの生徒にとって学校に居場所感をもてるかどうかは重大なことである。芳川（2005）が指摘しているように，教諭たちの無力感を強めてしまうのは得策ではない。'医療に行かせるので自分たちに出る幕はない' といった極端な思考に教諭たちが陥らないように配慮しつつ援助するのは，SC として腕の見せどころであろう。

　なお，やっとの思いで本人や保護者を説得し，医療機関を受診したが，簡単な身体的検査のみで何の処置もなく，すぐ帰されてきた，といった話をSC から聞くことは残念ながら稀ではない。摂食障害の専門医は意外なほどに少なく，地域によっては紹介先から帰されてしまうと，他の医療機関が乏しい現状も重なる。苦労が報われない SC の気持ちはわかるが，もしそうであったとしても，医療による加療と併存することが必要である。メゲないで！

（『学校臨床のヒント』金剛出版　2007 年　47 歳）

文　献

American Psychiatric Association（1993）Practice Guideline for Eating Disorders.（佐藤光源責任訳（2000）『米国精神医学会治療ガイドライン―摂食障害』医学書院．）

堀田真理（2005）「摂食障害の身体的合併症とその治療」精神科治療学，20-7 : 711-717.

厚生労働科学研究（子ども家庭総合研究事業）思春期やせ症と思春期の不健康やせの実態把握および対策に関する研究班編著（2005）『思春期やせ症の診断と治療ガイド』文光堂.

松尾宣武, 安蔵慎（2001）「身体計測」大国英彦, 小池麒一郎編『学校医マニュアル―第 4 版』文光堂，pp.111-121.

坪井康次, 久保木冨房, 野添新一ほか（2006）「摂食障害」小牧元, 久保千春, 福士審編『心身症診断・治療ガイドライン 2006』協和企画，pp.152-176.

芳川玲子（2005）「教師へのコンサルテーション」臨床心理学，5-4 : 572-573.

心理療法における倫理：守秘義務

I　心理療法家にとっての守秘義務

　守秘義務（もしくは秘密保持）という四文字熟語を知らない心理療法家は
いないであろう。最近では「シュヒ」と軽い感じで口にする臨床家もいる。
それだけ「シュヒ」は浸透してきている概念なのであろう。そして「シュヒ」
は心理療法家のみならず，対人援助専門職すべてに関係した倫理上，大きな
ひとつの柱であることにも異論は出ないであろう。

　しかし，どの対人援助専門職にも倫理の上で守秘義務が存在するとはいえ，
たとえば，自分の胸部レントゲン写真が専門誌に掲載されるという場合と，
自分が心理療法で語った内容が専門学会誌に掲載されるという場合では，実
感としてだいぶ違うのではなかろうか。

　自分がクライエントとして何回（もしくは何十回～何百回）も心理療法に
通い，その内容がもしも事前の許可なしに専門誌に掲載されているのを偶然
に知ったら，驚愕し，「どうして！」と叫びたくなり，恥ずかしさ，怒り，裏
切られた悔しさなど，とても言葉にならない気持ちが輻輳して，担当の心理
療法家および所属機関に激高することは必定のように想像する。このように，
その現実的な重みを考えると，心理療法家は守秘義務を最も重視すべき対人
援助専門職のひとつであると考えられる。

Ⅱ Confidentiality の語義

　守秘義務は“ヒポクラテスの誓い”で登場しているように，対人援助専門職にとって歴史の長い倫理である（津川，2009）。そして，当たり前のようであるが，守秘義務の「守秘」とは，秘密を守る（＝秘密保持）ということで，守る対象は「秘密」である。この日本語の「秘密」という言葉の意味と，秘密保持の英語に当たる confidentiality の意味の違いについて，金沢（2006）は詳しく論考している。それによると，日本語の「秘密」は，見てはいけない神の力や姿を山中に静かに隠しておいて人に見られないようにするという語義である。それに対して，confidentiality は「ラテン語の confidentia に由来するが，これには『秘密』という意味はなく，『堅い信用，強い信頼』という意味である。ここから，相手を堅く信頼して他人には言えないことを打ち明けるという意味で用いられるようになった」（松田，2009／強調は引用者）。

　クライエントが心理療法家を信頼しているからこそ，クライエントは他人には打ち明けることのない自己の内的体験を心理療法家に語るのであって，「職業倫理で取り上げる，心理臨床家の守秘義務や秘密保持とは，クライエントが心理臨床家に寄せる強い信頼という，心理臨床の根幹を示しているのである」（金沢，2006）。

　このように confidentiality の語義から考えると，‘倫理違反に問われないために，クライエントの秘密を漏らす・漏らさない’といった次元の発想が本来ではなく，守秘義務にはクライエントと心理療法家の“関係性”という学派を越えて心理療法にとって最も重要なことが含まれていることが伝わってくる。

心理療法における倫理：守秘義務　　163

Ⅲ　第三者に語ること

　一方で，独善的にならないためにも，心理療法家は生涯に亘って研修を受け続けなければいけない。これに関しても異論は出ないであろう。個人スーパーヴィジョンであれ，クローズドの研修会であれ，事例つまりクライエントのことを誰か（第三者）に語るのである。そうでなければ，訓練を受けていない自称心理カウンセラーと，どこが違ってくるのであろうか。心理療法家自身がその技量を向上させていくためにも，それによって本質的な意味でクライエントを守るためにも，第三者に語ることが必要な職業である。

　さらに，学会発表に代表されるように，心理療法から得られた知見を周囲の人々や社会に還元していくと，対象となる誰か（第三者）の人数が多くなってくる。クライエントの同意はもちろん得た上で，個人が特定されない形にして，結果として乾いた報告や部分的な報告にせよ，多くの人々の前で，心理療法家は事例を語ることになる。

　心理療法で「ここでの話は外には出ません」という原則をクライエントに約束しておきながら，一方で多くの人々（たとえそれが同業の専門家の集団であったとしても）に対して語ることに関して，それをクライエントへの背信行為や冒瀆と捉えて，自分は一切そのような行為はしないという人もいるかもしれない。しかし，学会発表もしなければ，クローズドの研修会でも事例報告をせず，個人スーパーヴィジョンも受けなければ，クライエントの支援のために連携を取るべき関係職種にも一切何も話さないなどということを続けていれば，それがどんなに危険な状態になり，クライエントの利益を減ずるどころか，害を与える心理療法家になるのかは想像に難くない。心理療法の発展は阻害され，専門職として社会に対する説明責任も果たせなくなる。さらに，今後に続く若人が心理療法を学ぶ際にも，事例が語られない環境では，心理療法の未来はどうなるのであろうか。

Ⅳ　倫理的葛藤—守秘義務と事例を語ること

　以上のように，心理療法家の倫理の根幹に守秘義務があるにもかかわらず，一方で，それを第三者に語り続けることで独善性を減じさせるのみならず，クライエントのために適切な面接になるようスーパーヴィジョンなどを受けながら技能を向上させ，得られた知見を社会に還元するとともに説明責任を果たしていくという，とても矛盾した必須要件の狭間で職業人として生きていくというのが，私たちが選択した心理療法家という職業なのであろう。念のため，ここで論じているのは，表面的に "事例発表の許可をとった＝守秘義務を果たしている＝倫理違反でない" といった話ではない。神田橋（1993）は「守秘」に関して次のように述べている。

　　いっさいを，自分の同僚にも，隣の人にも，女房，子ども，亭主にも話さない，誰にもまったく，絶対話さない，というのはやさしいんです。そうではなくて，相手に伝わっていいことだけを話す，ということをすると，いつも危険がある。いつも，失敗して踏み外してしまう危険があるわけよ。そういう，フラフラしたところにいるほうが，センスはよくなるの。いっさい話さない，「それは，私が治療内で聞いたことですから，いっさい何も話しません」と言っていたんでは，あまりセンスは育たないよ。しかも，そうやっている人は，今度は，名前だけ隠しときゃいいだろう，とか言って，洗いざらい書きまくったりすることになり勝ちなのね。もうちょっと，いや，ここまで，止めとこう，と綱渡り的にすることで，センスが育つの。

　このように，守秘義務は，心理療法家がそのセンスを向上させていくためにも大切な要素であるが，この "綱渡り" は守秘義務に限らず心理療法家が日常的に経験している。いってみれば，私たちはいつも "綱渡り"（板挟み，葛藤，ジレンマ）のなかで臨床および関連活動を行っている。薄氷を

踏む思いから逃れられない職業である。そして，倫理にまつわる葛藤の多くは conflict と表現され，たくさんある倫理上の葛藤は倫理的葛藤（ethical conflict）と総称されている。

V　心理療法の本質—倫理的葛藤から逃げずにいること

　時代の流れを受けて，法律も個人情報保護と情報公開の間で矛盾しながら変化していくであろう。そして，心理療法家が関係する学会や職能団体の倫理規程・倫理綱領は，おそらくどんどん詳細かつ強迫的なものになっていくであろう。それに心理的に追い立てられ，表面的に許可を取ることが，いかに損害の多いことなのかを経験した一例を報告した(津川, 2004)こともある。

　心理療法家にとって肝心なことは，自分たちが倫理的葛藤を微塵も感じない未来を築くことではない。それでは心理療法が本質的に低落してしまう。むしろ，クライエント支援のために，対人援助専門職として倫理的葛藤から逃げずに，倫理的葛藤の中にいるのである。もちろん，ただいるだけではなく，その板ばさみに関して考え（広義のアセスメント），臨床実践に何らかの形で還元していく作業を日常的に行う。その際，「倫理の問題で一番大事なのは，『口に出して言うこと』ではないかと私は思っているのです。……（中略）……我々が現場の悩みを語るのを止めないことが倫理において最も大事なことだと思います」と弁護士であり医師である児玉が述べている（津川, 2006）。その通りであろう。

　いずれにしても，守秘義務ひとつ取っても，単に倫理違反を諌めるために存在しているのではなく，心理療法家としてクライエントとの関係性を重んじるという，まさに心理療法の本質を表現するものが倫理であるという原点は，何ものにも代え難い。

（臨床心理学増刊第 1 号　2009 年　49 歳）

文　献

金沢吉展（2006）『臨床心理学の倫理をまなぶ』東京大学出版会，pp.133-136.

神田橋條治（1993）『守秘．治療のこころ第三巻　ひとと枝』花クリニック神田橋研究会，pp.49-52.

松田純（2009）「総論　心理臨床の倫理と法」松田純，江口昌克，正木祐史編『ケースブック心理臨床の倫理と法』知泉書館，pp.3-40.

津川律子（2004）「臨床心理学研究における倫理」津川律子，遠藤裕乃『初心者のための臨床心理学研究実践マニュアル』金剛出版，pp.30-48.

津川律子（2006）「児玉安司先生による「対人援助の法的・倫理的問題―conflict of interest をめぐって」を聴いて―その1」日本臨床心理士会雑誌，14-3；45-50.

津川律子（2009）「心の専門家における倫理」佐藤進監修，津川律子，元永拓郎編『心の専門家が出会う法律―臨床実践のために（第3版）』誠信書房．pp.191-197.

【事例から学ぶ④】「うつ病」

——地域のなかで——

はじめに

　編集会議に出席して，みんなで執筆者を考えていたら，なぜか自分に原稿があたってしまった……（なんということだ！……エーン，泣きが入る）。「エッセイ」なので自由に書くように言われた。しばらく考えた。普段，医療のなかの「うつ病」者や抑うつについて書く機会はあるので，今回は止めることにした。医療の"外"からみた「うつ病」について書いてみようと思う。「エッセイ」なので，学会誌の事例研究とは違い，体験を基に架空事例で書いてみたい。

Ⅰ　医療の"外"からみた「うつ病」

1．おしゃべりな初老に見える女性

　とある地域の相談室。小柄で痩せており，地味な服装で，頭髪が約3分の2は白髪の初老に見える女性がお見えになった。座るなり「こういうところ初めてなので，こわくって」と眉間にシワを寄せて言いながら，ことばは止まらない。息子のこと（不登校気味らしい），夫のこと（勤務が終わった後，謎の行動をしている？）など，次々と切れ目なく話し続ける。私（臨床心理士）は，目の前にいる白髪の多い女性と，相談受付票に記入されている「45歳」

という年齢の落差に気をとられた。どう見ても60代に見える。アルコールについて聞くと，普段まったく飲まないし，若い頃から飲めないという。頭髪だけでなく，皮膚の感じも45歳に見えない。スカートなので足も見えるが，単に痩せているというのではなく，むらに茶色になっている。そこで，視野を狭めて，音声だけに集中すると，なんと40代の声に聞こえる。少なくとも60代の声ではない。

視覚刺激をいったん最小限にして彼女の語りに集中する。枝葉のエピソードをたくさん語っているが，話が戻ってこられないという迂遠思考ではない。主語がない語りが多いが，それよりもわかりづらいのは，いま話しているエピソードが，いつのことなのか「時」がわからない点である。たとえば，夫の行動を説明しているが，それが昨日のことなのか，結婚当初のことなのか，息子が生まれた頃の話なのか，わからない。ご本人は，「時」の説明が足りないことを認識していないようである。

話は途切れない。次々にいろいろなエピソードが語られ，その話がいつのことなのかさえ脇におけば，かなりまとまった話にも聞こえる。電話相談を利用しているのではないかという思いがわく。問うと，ちょっと恥ずかしそうに，利用しているという。それもかなりの期間，かなりの回数のようである。なぜ，今回ここへいらしたのか（＝本当の主訴）を知る必要がある。そもそも，ここは「こわい」のだ。

結論からいうと，このケースは，初発の早い内因性のうつ病の方であった。精神科には過去に2カ所の受診歴があった。20代の頃に行った精神科クリニックでは処方がなく，2〜3度受診して自然に終わっていた。1カ所は，つい最近であり，私がお会いしたときと同じように，座るなり，いろいろな話をしはじめたら，初診医に「ここは人生相談をするところではありません。いろいろ話したいなら人生相談へ行きなさい！」と叱られて（そう本人は体験している），人生相談らしくて近いところを探してかなり苦労し，たまたま私と出会ったという経緯であった。座るなり，いろいろ話すうえに，その時点では不眠も食欲低下も明らかでなく，内因性を疑われなくても無理な

かったと思う。

　しかし，年齢に比して不自然な外見，足の皮膚などの変化（一時期，長いこと畳に座っていた影響と思われる），語りにおける時制のおかしさ，何よりも「こわい」という場の体験（決して「緊張しています」ではない）などを総合すると，これはどうしても専門医に診てもらわなければいけないケースと判断した。二度も医療を訪れていて，治療に結びついていないので，本人を説得するのに時間を要したが，私が紹介した医師を受診してくれた。専門医による薬物療法と，認知への介入を含む心理カウンセリングの両方を数年間おこない，まったく別人のように回復した。髪をぜんぶ染めてモダンになり，服装も柔らかで上品な感じになり，外見と声質とが近づいた。「時」がつながって戻ってきたために，話は格段にわかりやすくなり，むしろ，たくさん喋らなくなった。

　２カ所の医師のことを責める気は決してない。初診の見立てが難しいケースであったと思う。私が残念に思うのは，自分のところが適切でないと判断したら，「人生相談に行きなさい」とだけ言うのではなく，どこに，どうやって行けばいいのかという具体的な行き先を，素人にわかりやすく教えてくれる医療機関が多いとは言えない現状である。

２．家族が連れてきた中年女性

　とある地域の相談室。30代後半の女性。ご両親が左右を支えるように座っている。ご本人は以前は痩せていたというが，いまは顔だけでなく全身がむくんでいて肥満に見えてしまう。そして，かなり退行した様子である。私からの問いに，ほとんど自分で答えようとせず，返答の7割を父に頼り，2割を母に頼り，自分が主体的に答えるのは両親の答えが納得できなかったときに，「いいえ，違います」とはっきり訂正する場合だけである。

　3人の話をかいつまむと，本人は約6年前から精神科外来に通っており，最初の主治医から「あなたはうつ病なので一生お薬をのむように」と言われた（これは本人だけでなく両親もそう言う）ので，かなりきちんと2週間に

1回通い続けている。担当医は何人か代わり，その間，内服薬の種類も量も増え続けた。病状は好転せず，むしろ自傷行為や希死念慮が強くなっていった。仕事もできなくなった。

いまの主治医は最近，代わったばかりで，カルテの記録を読んでくれたらしく「今までいろいろな薬を使ってきたようだし，これ以上，お薬の量を増やせないので，認知行動療法とか心理療法を受けてみたらどうか」と提案されたという。これには両親は賛成だったが，本人はどうしようかと判断がつかないでいたところ（退行しているので決断力も低下していた），今度は「心理療法がいやなら，いままで一度も入院したことがないから，入院してお薬を整理してみませんか」という新主治医からの提案があった。これには両親も本人も反対であった。そこで，本人も心理療法を受ける気になったが，その医療機関に臨床心理士はいるものの，心理カウンセリングの予約枠は一杯で空きがなく，どこか自分で探してきてくれと新主治医に言われたという。医療関係者に知り合いはいない一家であったので，途方にくれかけていた。しかし，本人の夫（本人は既婚者で子どもはいない）が勤務する会社に，電話によるメンタルヘルス相談というシステムがあり，夫がそこへ電話して事情を話したところ，いくつかの機関を紹介され，そのなかで一番安くて一番近いところを選んだら，私と出会ったという経緯であった。

結論からいうと，このケースは，パーソナリティ障害と操作診断基準でいう「うつ病」が併存していたケースだった。新主治医が非常に根気強く内服薬を整理してくれ，それにサイコセラピー（ここではその詳細を書けないが，まず自傷行為や希死念慮を軽減させなくてはいけないので，そのためにも退行状態から脱してもらう援助計画）を定期的に継続し，仕事を再開し，数年後には内服がなくなり，さらに数年後にはサイコセラピーも終了した。

ここで残念なのは，彼女が約6年も通っている医療機関（民間）に臨床心理士はいたということである。ケース予約が満杯なのはよくあることだが，臨床心理士がどこか適切な外部機関に紹介してくれていたらと思ってしまう。実際，新主治医はその臨床心理士に相談したというのである。何か理由

があって紹介しなかったのだろうと思うが，どのような理由だったのか想像しかねた。

3．ひげボーボー状態の青年男性

　とある地域の相談室。20代の男性。無精ひげがボーボーで，うなだれており，対人援助職でなくても，一目で抑うつ的に見える青年。誰でも名前を知っているような有名大学を卒業後，一流企業に就職したが，上手くいかず，約1年で退職。すぐに別の会社に就職したが，やはり上手くいかず，約半年で退職。それから常勤に自信がなくなり，いまはアルバイトをしている。しかし，いっこうに自信は回復せず，約1年前から精神科外来に通院中。主治医は，いつも15分は診察時間を割いてくれるという。医師がどれだけ忙しいのか私はよく知っているので，これだけの時間をいつも割いてくれるというのは，この青年本人にとってありがたいことと感じた。

　私のところへ来たのは，知人が医療機関に勤務していて，その知人が私の名前を知っており，ネットで場所も調べてくれ，強く後押ししてくれたのがきっかけだという。もともと主治医は心理カウンセリングを受けてもよいと言っているともいう。早速，主治医と連絡をとる許可を本人から得た。次回の診察日が近かったので，心理カウンセリング開始の許可と今後の連絡を依頼する手紙を書き，本人にその手紙の中味を読んでもらってオーケーをとり，念のため私の名刺も本人に渡して，次回の診察日に主治医にそのまま封筒ごと渡してもらうことにした。これで，いつものように上手くいくはずだった。

　次の面接。さらに抑うつ的になった様子の男性。座るなり，開口一番，「すみません。これ受け取ってもらえませんでした」と，私が手渡しておいた手紙と名刺を封筒ごと申し訳なさそうに返してきた。驚いた。心理カウンセリングの不適応ケースと主治医は判断したのだろうか？

私　　「先生は，カウンセリングを受けてはいけないって，おっしゃったのかしら？」

彼　　「カウンセリングは受けていいよって，言われました」

私　「それじゃあ，この施設か私がダメってことかしら？　私に遠慮なく言ってね」

彼　（非常に言いにくそうに）「そうじゃなくて，どこの外部機関とも連携したことがないから，その手紙も名刺も持って帰ってくれって……」

私　（驚きの連続）「しつこいようだけど，カウンセリングはいいのね？」

彼　「はい。……その先生……僕に似ているんです（主治医をかばうような感じ）」

　ここに至って，事態がのみこめた。抑うつ状態が思考に影響していることを除いても，コミュニケーションに課題をもつクライエントであった。そのクライエントが，主治医をかばっているのである。かばうということは，それだけの関係性が主治医との間に築けているということで，素晴らしいことではないか。これ以上，クライエントを板挟みにしてはいけない。あとは全部，私がひきとり，さらに緻密な作戦を立て（読者ならどんな作戦を立てたであろうか），最後は医療機関と上手くやりとりできるようになった。

　結論としてこのケースは，基盤に発達障害があり，それが社会人になってから強く露呈したケースで，二次障害としての「うつ病」が前景に立っていたケースである。薬物療法も生活そのものを支える心理支援も両方が必要であった。その後，ヒゲを剃って，メガネを代え，ちょっとおしゃれな服装になった彼は，今風の青年になった。繰り返すようだが，抑うつ状態から脱してもコミュニケーションに課題をもつクライエントであったし，特定の医師のことを何か言うつもりもない。しかし，これが心理臨床実践の現実である。そして，私以外には絶対起こりえない現実とも思えない。

II　三つの事例から

　いま私の病院勤務は非常勤である。朝早く外来に出勤する。クラークさんが出勤してくる。ナースがくる。医師がくる。医局長がくる。外来医長もくる。医療相談室のMSW（医療ソーシャルワーカー）は早朝からフル回転中

である。たくさんのスタッフに囲まれて，なんて安全な環境でサイコセラピーができているのかといつも思う。と当時に，医療の外で，「うつ病」者を何とか医療につなごうと多くの対人援助職がたったいま，懸命に仕事をしていることを，少なくとも30代の頃とは比べものにならないくらい具体的に想像できるようになった。医療のなかにいてリファーを受ける立場ではなく，医療の外からリファーする立場では，クライエントのために「つなぐ」方略を多彩にもっておく必要がある。それがどんなに大変かつ重要な対人援助職スキルであるのかについても，医療のなかだけにいた頃よりは認識できているように思う。

　いままでの日本の精神科診療は，統合失調症中心で，かつ入院主体であった。このことは，私のような若輩者が書かなくても，多くの医師がそう書いている。そして，精神科医療は今まで外に十分に開かれてきた，とは言いがたい。うつ病に限らず，精神科医療の中と外をつなぐ時代にとっくに入っているのに，患者や家族にとって適切な「連携」は，これからの課題といった段階であろう。もちろん，全人的医療とか，チーム医療とか，連携の大切さとか，どの本にも書かれているし，多くの医療関係者が賛成している。しかし，実際に，どのように連携するのかについては，医師だけなく，臨床心理士のほうも，十分な修了後研修を受けているとは考えづらく，一人職場も多いのでOJTも十分に機能していないだろう。そもそも，医療の"外"とか"中"とか書いている私自身が，臨床家としてまだそれだけの段階にいるということが明白である。

　別の側面から考えれば，医師のほとんどが医療の中にいるのは当然のことで，医療に医師がいなかったら大変なことになる。臨床心理士は医療にもいるけれども，医療以外にたくさんの領域で働いているので，どの臨床領域でも連携を積極的にとれる存在は臨床心理士のほうなのではないだろうか。あらたまって地域精神保健といわなくとも，人と人とをつなぐ，人と時をつなぐ，それも丁寧につなぐということにおいて，自分ができることを質的に高めていきたい。それがいまの私の努力目標の一つである。

（臨床心理学12巻4号　2012年　52歳）

【事例から学ぶ⑤】忘れられない三つの事例

はじめに

　どの臨床家にとっても，忘れられない事例というのがあるだろう。自分が心理療法を担当して深く精神内界に関わった事例もあろうが，1回ないしほんの数回の出会いなのに，忘れられない事例もあるだろう。そういった事例を三つだけ，ここに書き留めて，自分と後輩の益に処したい。もう時効となった事例ばかりだが，守秘義務のため細部には気をつけて記載したつもりである。文中に出てくるスタッフについても，個人を特定できないように工夫した。なお，私の立場は病院（精神科）の臨床心理士である。

Ⅰ　予診で出会った涙

　その日はともかく騒然とした外来だった。精神科医一人，看護師一人，私，という三人のスタッフに対し，再来患者が100名以上やってきて，そのうえ新患が午前中に8名も来科したのだった。そういう日に限って，てんかん発作を起こす患者が出たり，手首を切った女性が運ばれてきたり，わめき散らす不穏患者が出たりした。

　私自身は，予約外来はあるし，心理検査もあるしで，結局，3時間の間に8名の予診を取らなければいけない事態に追い込まれた。ゆとりはまったく

失われた。流れ作業のように患者を部屋に入れては出していた。

　そんな状況のなかでこの一家はやってきた。予診室に入ってきた患者は，眼鏡をかけた真面目そうな背の高い女子高生だった。彼女はツカツカと歩いて部屋の一番奥にある椅子に座り，ブツブツ独語を始めた。視線は合わせない。独語の内容はよく聞き取れない。彼女のすぐ後に，彼女と似てスラッとした体型の両親が入室して腰掛けた。あらかじめ書いてもらっていた問診票をみると，母の字で，独語・空笑・不穏行動など，急性に露呈した統合失調症を疑わせる症状が記載されていた。問診票の内容といい，患者の様子といい，手早く予診を済ませられるケースだと，そのとき私は思った。まず問診票にある症状を確認して，初発時期・合併症・遺伝負因 etc……，さあ早く終わらせてしまおう，そう思って私は問診票から顔を上げた。

　その時はじめて，並んで座っている両親の顔が目に入った。なんと二人とも声をたてずに静かに泣いているではないか。ゆっくりとだが，絶え間なく涙が流れていた。かたわらの患者は相変わらずぶつぶつ言っている。両親は静かに泣いている……。

　あんなにきれいな涙を見たのは初めてだった。それは，自分の子どもが大変な事態になったことを直感的にわかっていて，本当にこの子が可哀そうだ，不憫でならないという心からの愛情がこもった涙だった。

　私は一瞬躊躇した。早く予診を終わらなきゃ，早く，早く。その日の担当医は，自ら認める瞬間湯沸器のような人だった。全員の予診が完了しなければ，怒鳴られるのは必定だった。でも……。数秒の迷いの後，私は腹をくくった。こんな涙を前にして，何を急げというのだろう ?!

　私は握りしめていたボールペンを置いて，静かに待った。両親の涙をぼーっと見ながら，患者さんの独語を聞いていた。ずいぶん長い時間が経ったように感じた。静かで暖かい時間だった。私のなかに失われていたゆとりが戻ってくるのを体で感じていた。

　しばらくして，父親がワイシャツで涙をぬぐいながら私にこう言った。「どうぞ，何でも聞いてください，先生」。母親もハンカチで涙をふいて，夫と

同じ気持ちだと言わんばかりにうなずいた。私は感謝の気持ちでいっぱいになりながら，その後，予診をとったのを覚えている。取り終わって時計を見ると，わずか20〜30分の予診だった。

　この両親の涙は，患者を癒すだけでなく，機械化しかけていた私の心を癒してくれた。その後，この一家とは一度も会っていないのだが，自分が時間に追われ，ゆとりを失った時，まるで映画のワンシーンのようにこの涙が思い出される。すると，急速に自分の心のゆとりが回復される。

　人のもっている本当の力をこの両親は私に教えてくれた。今でも感謝している。

Ⅱ　病棟で出会った本当に良い人

　彼女は聡明な眼差しをもつ20代の医療関係者だった。結婚したばかりなのだが，ご主人が外国籍の方で，ご主人側の親戚付き合いに悩んだのを契機に抑うつ状態になり，入院してきたのだった。私は彼女の担当ではなく，ときどき病棟ですれ違うスタッフの一人に過ぎなかった。

　その病棟では集団療法の時間があり，彼女はそこでも素直に自分の悩みをみんなに語り，スタッフも他の患者たちも彼女に好感をもっていた。医療関係者だからという気どりはない人で，ときどき“マージャン療法”にも参加していた。役の作り方が下手で，待っている牌が見え見えの私が，他のメンバーにからかわれている時でも，彼女は優しく微笑んでくれたりした。

　抗うつ薬を中心とした薬物療法が著効し，彼女は活気を取り戻した。親戚付き合いの問題も彼女なりに棚上げできたようだった。この後，しばらく外来に通うのだろうが，あまり問題なく軽快しそうなケースだった。ただ，スタッフが一つだけ気にしていたのは，彼女の遺伝負因の多さだった。母親側の身内に統合失調症を罹患した人が数人いた。しかし，彼女自身を統合失調症だと疑う臨床症状はなかった。うつ病であった。その時は確かにそうだったのだ……。

彼女は順調に退院した。そして2週間後に別人になって戻ってきた。退院した時の健康な彼女はいなくなっていた。再入院した彼女は，顔つきも動作も雰囲気も，間違いなく統合失調症の患者さんになっていた。たった2週間の間に統合失調症が発病したのだった。スタッフも他の患者たちも大きなショックを受けた。彼女があんなになってしまうなんて!!　怖さのあまり，自分から保護室に入りたがる患者が出たほどだった。担当医のショックは，いかばかりだったろう。

　そんな中，彼女はといえば，もうゆっくりとしか動けない体で，淡々と病棟内を掃除していた。毎日毎日，灰皿を洗い，食堂の椅子をきれいに並べ，雑巾がけをしていた。みんな彼女を見ていられなかった。普段，自分で洗いものなどしたことのない男性患者が，こっそり灰皿を洗ったりしていた。

　彼女は自分から地方の施設に入所して行った。「ひっそりとした施設の中で片付けをしながら一生を過ごしたい」というのが彼女の唯一の望みだったという。

　再入院の患者なんて病院臨床では日常茶飯事のことだ。驚きはしない。でも，彼女の場合はその変化があまりにも急激で，痛ましかった。私は遺伝負因の恐ろしさを書いているのではない。人にはどうしようもない理不尽なことがある。しかし，彼女は重篤な精神病になっても，その人柄のすべては失わなかった。最後まで本当に良い人だった。だから，余計に悲しいのである。

Ⅲ　不登校の女子高校生

　私が少し仕事に慣れて，自信めいたものが出かけていた時期に彼女と出会った。

　地味な外見の彼女は，人に大変気を遣う人柄という話だった。高校2年の春から不登校になったというのが彼女の主問題であった。家庭内にも少し問題があったし，進学校の学生として過激な受験期に入ったという大きな心因があった。パーソナリティ・家庭環境・受験や進路問題と揃っていたので，

担任教師もスクールカウンセラーも母親も「不登校」であろうという見立てで一致していた。約２カ月間，スクールカウンセラーによる面接が行われたが，改善しないため，焦った母親が私のいる病院に彼女を連れてきたのである。

初診医（ベテランの精神科医）の「不登校か神経症でしょうから，まずカウンセリングを受けてみて，必要だったらお薬を出しますから」という適切な指示の元に，彼女は私と会うことになった。

彼女と二人きりになって状況を聞いた。彼女は教室で一番後ろの席に座っているのだが，黒板の字が見えづらくなったのが不登校のきっかけだという。いつも見えないのではなく，ぼやけたり見えたりとムラがあり，段々と意欲もなくなってきて，登校しても楽しくない。家にいて好きな CD を聞いたりしているが，かといって別に楽しくない，という話だった。

私は眼科に行ったことがあるか？と単純に尋ねた。彼女は近所の眼科に行って視力検査を受けたが，その時はよく見え，異常はなかったと話した。

私は何か嫌な予感がしていた。もう一度，不登校のきっかけを聞いたが，目の問題と意欲低下が不登校の直接の誘引になっているように感じた。益々，私は嫌な感じがしてきた。初診医に頼んで頭部 CT と MRI の予約をオーダーしてもらった方が良い感じがした。なにより，すぐに眼科で眼底検査をしてもらった方が安心できた。

でも，その日，初診医は体調が優れないため，とても機嫌が悪いのも私は知っていた。すぐ電話をして初診医に頼もうか？　今日はやめて別な日に頼もうか？　ベテランの医者にこんなことを頼んだら，生意気な奴と思われるのでは？　私とその先生との関係が悪くなってしまったら？　いろいろな思惑が私の頭を巡った。

ええい，ままよ！と，私は彼女のいる前で初診医に電話した。予想に反して初診医は，すぐに眼科へ紹介状を書いてくれたし，検査のオーダーも出してくれた。彼女と母親は紹介状をもってその日に眼科へ行った。それが話している彼女を見た最後である。

約3カ月後，亡くなる直前に彼女と会った時，彼女はベッド上でイモ虫の
ように丸くなって，意識障害のため虚ろな目をしていた。傍らにいる母親も
別人のように老けて見えた。あの日，眼底検査で引っかかり，脳外科に即入
し，脳腫瘍が判明したのだった。細かな腫瘍が脳内に散在しており，手の施
しようもなかったと聞く。

　彼女の死は，私に多くのことを考えさせてくれた。あのまま初診医に電話
しないで，しばらくカウンセリングをしていたらどうなったろう？　脳腫瘍
を見逃して面接していたら？　告訴云々という問題も頭をよぎったが，何よ
り患者さんへの本当の責任の取り方という課題を，私が考えるきっかけと
なった事例だった。

　実は，彼女のことをここに書くのも躊躇があった。ある守秘義務の固い会
で彼女のことを少し話したところ，こういった経験は他の臨床家もわかち合
うべきと励まされ，勇気をふるって書き留めた。

　たった1回しか話さなかった彼女のことを今もよく思い出す。

（こころの臨床ア・ラ・カルト　1994年6月　34歳前）

あとがき

　心理学という学問の存在を知ったのは，中学生のときである。いまのようにインターネットがない時代であったが，年の離れた姉の部屋に昆虫事典を借りに行った際に，昆虫事典の上段にあった『心理学』という薄い本をなぜか手にとり，目次を見た途端に驚いた。「感情」という章があったのである。中学生の私にとって，「感情」とは自分の気持ちのことであり，自分の気持ちを研究したりする学問があるなどということを私は全く知らなかった。

　「心理カウンセラー」という単語を知ったのも，その頃であって，中学3年の卒業前には担任教諭の進路指導の際に，将来は心理カウンセラーになりたいと伝えていた。15歳の無知な女の子の希望を担任教諭は笑わなかった。臨床心理士も日本心理臨床学会もない時代であったが，卒業式の直前にクラスメイトに「これから何か悩んだら○○（私の旧姓）のところに相談に行け」と言ってくれた。照れくささと同時に嬉しかったが，戸惑った。なにせ中学生である。大学で心理学科に進み，いまの私へとつながっている。

　髪を染めていないので，すっかり白髪が目立つ年代になったが，この間，たくさんの方々と出会い，支えられて，心理臨床の仕事を続けてこられた。お名前を書き出せば，「あとがき」は終わらないであろう。ここは勝手を許していただき，夫である津川一郎に感謝したい。夫は私の仕事の最大の理解者である。数年前に病を患った夫は，手術後の生活に苦戦している。医療ができることと，できないことを，改めて痛感するとともに，普通に生活できることがどれだけ貴いことかを，夫婦で学んでいる。病に限らず，生活その

ものを根幹から支えられるような心理支援——主として面接を通して——
を，抽象論ではなく実証的に進められる未来を願っている。

　最後になるが，本書に収載されている論考は一つを除いてすべて筆者ひと
りで書いたものである。「臨床心理アセスメントを学ぶ」だけは，福田由利
先生（大石記念病院・野口クリニック）との共著であり，本書への収載を許
可してくださった福田先生に記して感謝申し上げる。

2018（平成30）年7月

津川律子

索　引

アルファベット

Anorexia Nervosa　157
A-T スプリット　59
bio-psycho-social spiritual　145
Bulimia Nervosa　157
Here and Now　17, 18, 25, 32
WAIS-III　30
WAIS-R　12

あ

アンガーマネジメント　137
いじめ　141
インフォームド・コンセント　38
うつ病　24, 25, 35, 57, 167, 168, 170
エバリュエーション（評価）　66

か

過呼吸発作　46, 48, 49, 50, 51
仮説と検証　21, 22
感情状態の特性　31
患者の病態水準　31
危機介入　83
機能水準　115
逆転移　97, 98, 116, 118, 119, 120
境界性パーソナリティ障害　149
境界パーソナリティ構造　54

共感　18
協働　123, 134
救急外来のある総合病院　60
緊急性　83
ケアマネジメント　70
傾聴　18, 19, 80, 81, 82, 84
ケースカンファレンス　73
ケースマネジメント　65, 78, 137
行動観察　21, 30, 78
公認心理師　39, 40, 41
声の文脈（context）　77
コーディネーション　85
コーピング　35
子育て相談　86
コンサルテーション・リエゾン精神医学
　60

さ

自己愛的同一化　58
自己破壊的要素　54
自殺　141
自殺企図　46, 54, 142
自傷行為　49, 50, 51, 54
修正仮説　22
主訴　32, 33
守秘義務　89, 90, 154, 161, 162, 164, 175

受容 18
初回面接 32, 47, 48, 57
事例研究 89, 90, 91, 92, 94, 101
事例研究の記載のあり様 95
事例報告 94
心因性健忘 51
神経症パーソナリティ構造 54
心身症 43
診断 (diagnosis) 38
心理アセスメント
　援助者側 (自分自身や組織) の心理アセスメント 26
　継続面接における心理アセスメント 35
　知的機能・認知機能の心理アセスメント 23
　パーソナリティ特性の心理アセスメント 24
　病態水準・精神症状の心理アセスメント 23
　心理アセスメントのプロセス 21
　心理アセスメントの優先順位 22
心理カウンセリング 145, 146, 147, 148, 150, 151, 152, 153
心理検査報告書の書き方 12
心理検査をする場所 11
心理臨床学 92, 102
心理臨床の方法論 93
スーパーヴィジョン 14, 31, 39, 90, 99, 113, 163
スキゾイドパーソナリティ障害 107, 110, 115
スクールカウンセラー 142, 143
ストレスマネジメント 137
精神科リエゾンチーム 20
精神科リハビリテーション 65, 71
精神病様状態 24
精神保健相談 142, 143

摂食障害 149, 157, 158, 159, 160
ソーシャルワーカー 10, 23

た
対象喪失 55
対象の恒常性 20
多職種協働 133
多職種協働 = チームワーク 133
短時間の面接 30
チーム医療 127, 136
チーム援助 69, 130
知覚系障害 55
重複精神療法 59
直面化 57
治療構造 43
つぶやき 89, 98, 99, 100, 101, 102
転移 119
転移性治癒 58
転換症状 55
電話相談 77, 78, 79, 80, 81, 82, 83, 84, 85, 86, 87, 88
統合失調症 9, 98, 115, 125, 129
トリアージ 35, 36, 82, 85

な
認知の特徴 31
ノイローゼ 44
ノンバーバルな情報 18

は
パーソナリティ傾向 31
パーソナリティ障害 170
発達障害 30, 81
発達心理学 125
悲哀の仕事 50
ひきこもり 125, 126
ヒステリー 43, 56

評価尺度の使い方　73
評価と査定　65
費用対効果分析　67, 68
病態水準　54, 55, 118
病態水準の見立て　150
不安発作　52
不登校　178
プラセボ　53, 55
雰囲気　101
分離個体化　57
防衛機制　54

ま

メランコリー親和型　24, 25
面接　21
面接態度　117
面接のあり方　58, 59
面接の初期目標　37

面接のなかの沈黙　115

や

抑うつ　24, 43, 46, 57, 58, 171
予診　13, 14

ら

リスクマネジメント　137
リソースグループ　14
リソースパーソン　14
リ・テスト（再検査）　12
リハビリテーション　65, 71
倫理　161
倫理違反　162, 164
倫理的葛藤　164, 165
連携　134, 135
連携におけるマネジメント能力　136
ロールシャッハ　9, 12, 21

著者略歴

津川律子（つがわ・りつこ）
東京都武蔵野市生まれ
臨床心理士

専攻：臨床心理学，精神保健学
所属：日本大学文理学部心理学科教授，日本大学文理学部心理臨床センター長
現在：日本臨床心理士会会長，包括システムによる日本ロールシャッハ学会副会長，日本
精神衛生学会常任理事，日本心理臨床学会理事，日本心理学会評議員，日本総合病院精神
医学会評議員，日本うつ病学会評議員，日本統合失調症学会評議員，チーム医療推進協議
会代議員，大学病院心理臨床家の集い代表幹事など。
主たる著編書：『シナリオで学ぶ心理専門職の連携・協働』（誠信書房，2018），『心理臨床
における法と倫理』（放送大学，2017），『心の専門家が出会う法律［新版］』（誠信書房，
2016），『教育相談』（弘文堂，2015），『臨床心理検査バッテリーの実際』（遠見書房，2015），『精
神医学・心理学・精神看護学辞典』（照林社，2012），『投映法研究の基礎講座』（遠見書
房，2012），『初心者のための臨床心理学研究実践マニュアル（第2版）』（金剛出版，2011），『シ
ナリオで学ぶ医療現場の臨床心理検査』（誠信書房，2010），『精神科臨床における心理ア
セスメント入門』（金剛出版，2009），『臨床心理士をめざす大学院生のための精神科実習
ガイド』（誠信書房，2009），『インタビュー臨床心理士1、2』（誠信書房，2007），『電話
相談の考え方とその実践』（金剛出版，2005）など。専門論文も多数。

面接技術としての心理アセスメント
——臨床実践の根幹として——

2018年8月 1日　印刷
2018年8月10日　発行

著　者　津川　律子

発行者　立石　正信

印刷　平河工業社

製本　誠製本

装丁　戸塚泰雄

装画　花松あゆみ

株式会社　金剛出版
〒112-0005　東京都文京区水道 1-5-16
電話 03（3815）6661（代）FAX03（3818）6848

ISBN978-4-7724-1635-1　C3011　　　　　Printed in Japan ©2018

精神科臨床における心理アセスメント入門

津川律子 [著]

● 四六判 ● 上製 ● 240頁 ● 本体 2,600円+税

心理アセスメントの六つの視点

初心者のための
臨床心理学研究実践マニュアル
第2版

津川律子　遠藤裕乃 [著]

● A5判　● 並製　● 200頁　● 本体2,600円+税

研究の進め方と論文の書き方の道しるべ

ロールシャッハ・テスト
包括システムの基礎と解釈の原理

［著］＝ジョン・E・エクスナー
［監訳］＝中村紀子　野田昌道

●B5判　●上製　●776頁　●定価 **18,000**円＋税
● ISBN978-4-7724-1082-3 C3011

テストの施行法や解釈，
包括システムの原理が学べる
ロールシャッハ・テスト解釈書の決定版。

ロールシャッハ・テスト ワークブック
第5版

［著］＝ジョン・E・エクスナー
［監訳］＝中村紀子　西尾博行　津川律子

●A5判　●並製　●248頁　●定価 **5,200**円＋税
● ISBN978-4-7724-0777-9 C3011

コード化とスコアリングを解説し，
さらにトレーニングのために
多くの練習問題を掲載した必携書。

ロールシャッハ・テスト講義I
基礎篇

［著］＝中村紀子

●A5判　●上製　●300頁　●定価 **4,200**円＋税
● ISBN978-4-7724-1140-0 C3011

コーディングの一工夫
施行のチェックポイントなど
ベテランが知るテクニックを語った
「初心者対象・ゼロからのロールシャッハ入門」。

心理療法の基本 完全版
日常臨床のための提言

［著］＝村瀬嘉代子 青木省三

●四六判 ●上製 ●368頁 ●定価 **3,600**円＋税
● ISBN978-4-7724-1400-5 C3011

心理療法において最も大切なことは？
名著の［完全版］登場。
卓越した二人の臨床家による
最高の"心理療法入門"！ 臨床家必携。

心理療法家の気づきと想像
生活を視野に入れた心理臨床

［著］＝村瀬嘉代子

●四六判 ●上製 ●280頁 ●定価 **3,000**円＋税
● ISBN978-4-7724-1452-4 C3011

心理臨床家村瀬嘉代子の本領が
遺憾なく発揮された一冊。
心理療法過程における
原則と技法をわかりやすく説く。

新訂増補 子どもと大人の心の架け橋
心理療法の原則と過程

［著］＝村瀬嘉代子

●四六判 ●上製 ●300頁 ●定価 **2,800**円＋税
● ISBN978-4-7724-1087-8 C3011

心理面接の構造と実践技法を
わかりやすく論じた旧版に，
著者の「最終講義」を併せて収録。
かくして本書こそ，村瀬嘉代子の臨床の真髄である。

事例検討会から学ぶ
ケースカンファランスをつくる5つのエッセンス

[監修]=成田善弘
[編著]=渡邉素子 北島智子 佐竹一予 徳冨里江

●A5判 ●並製 ●192頁 ●定価 **2,800**円＋税
● ISBN978-4-7724-1626-9 C3011

学びの場であるケースカンファランスを
充実した意味ある体験にするための
企画・運営のエッセンスを紹介。

自尊心の育て方
あなたの生き方を変えるための，認知療法的戦略

[著]=マシュー・マッケイ パトリック・ファニング
[訳]=高橋祥友

●A5判 ●並製 ●380頁 ●定価 **3,800**円＋税
● ISBN978-4-7724-1611-5 C3011

自尊心の本質は自己へのコンパッション（同情）。
肯定的な自尊心は，
健康なパーソナリティの核である。

自傷行為治療ガイド 第2版

[著]=B・W・ウォルシュ
[監訳]=松本俊彦 [訳]=松本俊彦 渋谷繭子

●B5判 ●並製 ●378頁 ●定価 **4,200**円＋税
● ISBN978-4-7724-1621-4 C3011

自傷治療の臨床に携わるすべての人々にとって
必読の包括的治療ガイド
待望の第2版！
新たに八つの章が追加され大幅改訂。